www.tredition.de

Chris Cenatti

Die Welt wird sich ändern

2030 wird nichts mehr sein, wie es war

www.tredition.de

© 2021 Chris Cenatti

Verlag und Druck: tredition GmbH, Halenreie 40-44, 22359 Hamburg

ISBN
Paperback: 978-3-347-19296-6
Hardcover: 978-3-347-19297-3
e-Book: 978-3-347-19298-0

Inhaltsverzeichnis

Einleitung

Die Schreckensmeldungen der letzten Monate lassen uns aufhorchen. Es ist ein neuer furchtbarer Virus unterwegs, der uns alle bedroht. Diesmal geht es nicht nur um eine örtlich begrenzte Katastrophe. Diesmal geht es um eine Bedrohung weltweit. Obwohl wir schon seit langem wissen, dass die Menschheit vor entscheidenden Veränderungen steht, lebten wir so weiter, als würde uns das gar nichts angehen. Die Menschen gingen täglich zu ihrer Arbeit, freuten sich auf ihren Urlaub, auf uneingeschränktes Reisen und auf ein geselliges Leben im Freundes- und Familienkreis. Wie schnell können so selbstverständliche Dinge plötzlich der Vergangenheit angehören. Haben wir zu lange ignoriert, dass wir als Menschen von der Natur und von einem funktionierenden Ökosystem abhängig sind? Unser soziales Zusammenleben und unser ganzer Wohlstand setzt eine intakte Umwelt voraus.

Wie ein zerstörerischer Parasit ist der Mensch über die Erde mit all ihren Reichtümern hergefallen. Nun wehrt sich der Planet gegen die Invasion. Tückerweise scheinen mikroskopisch kleine Viren mehr dazu geeignet, die Menschheit auszurotten, als es bisher alle Kriege und Naturkatastrophen in der Lage waren. Warum tun wir nichts dafür, dass unser Planet bewohnbar bleibt? Musste uns erst ein Virus die Augen öffnen, wie gefährlich unser Verhalten ist? Wir müssen nun schnell handeln und sorgsamer mit unserer Umwelt und unseren Mitmenschen umgehen, sonst ist unser Überleben gefährdet. Alle materiellen und kulturellen Errungenschaften, die in den westlichen Gesellschaften heute als selbstverständlich erscheinen, sind in Gefahr. Wir leben in übervölkerten Großstädten, wir reisen um die ganze Welt. Schutzmaßnahmen kommen im Fall einer Pandemie viel zu spät. Hat der Corona-Virus und seine starke Ausbreitung nicht auch etwas mit unserem Lebensstil zu tun?

Bislang gibt es weder Medikamente noch eine Impfung gegen den Virus. Nur die Isolation großer Bevölkerungsgruppen und Reiseverbote können ihn zumindest eindämmen. Wenn wir die Pandemie ohne große Verluste an Menschenleben und ohne dem Verlust unseres Wohlstandes und unserer Arbeitsplätze besiegen wollen, dann müssen wir umdenken. Es gibt so vieles, was wir ändern müssen, und zwar schnell. Die Zeiten mit dem Corona-Virus sollen uns aufschrecken und wachrütteln. Wir leben in einer Welt des Wandels. Entweder gehen wir weiter so kopflos mit der Natur und den Mitmenschen um. Dann wird das Auftauchen dieses Virus sicher nicht die letzte Katastrophe sein, die auf uns zukommt. Oder wir ändern unsere Lebensgewohnheiten nachhaltig und schützen uns und unsere Umwelt vor weiteren Schäden. Das ständige Streben nach Mehr, die endlose Gier und das Ziel der Gewinnmaximierung um jeden Preis müssen ein Ende nehmen.

Das Ansteigen der Temperaturen in der Atmosphäre und den Weltmeeren, der Treibhauseffekt und eine jährlich ansteigende Zahl von Naturkatastrophen bedrohen unsere Umwelt schon lange. Wie reagiert der Mensch auf diese erschreckenden Vorboten einer lebensbedrohenden Veränderung? Obwohl auch diese Themen täglich in den Nachrichten erscheinen und diskutiert werden, bewegt sich in der Politik und in der Wirtschaft sehr wenig und wenn nur im Schneckentempo. Halbherzige Benzinpreiserhöhungen, der Umstieg auf Elektroautos, alternative Energieformen und zaghafte Veränderungen in der Agrar- und Fortwirtschaft sollen nun das Klima retten. Dies sind einzelne Maßnahmen und sicher ist es besser als nichts zu tun. Es ist aber ein globales, umfassendes Konzept nötig, um die drohenden Umweltkatastrophen noch abwenden zu können.

Es ist bedenklich, dass Politiker mancher Länder auch heute noch den Klimawandel aufgrund menschlicher Einflüsse leugnen. Statt alles Geld in die Entwicklung neuer Technologien zu stecken, werden neue Kriege angezettelt und Waffen hergestellt. Statt an der Rettung des Planeten arbeitet der Mensch an seiner eigenen Vernichtung. Dieses Handeln ist völlig grotesk und unverzeihlich den nächsten Generationen gegenüber. Nach wie vor werden Regenwälder großflächig abgeholzt. Plastikmüll und Altöl verschmutzen die Weltmeere. Waren werden durch die ganze Welt verschifft, bevor sie zum Verbraucher kommen.

Durch Massentierhaltung und Viehtransporte werden Lebewesen gequält. So ein achtloses Verhalten schadet nicht zuletzt dem Menschen selbst, der das Fleisch der gequälten und mit Medikamenten vollgestopften Tiere isst. Das Grundwasser wird durch Gülle, Düngemittel und Phosphate verschmutzt. Dadurch wird das Wasser vielerorts ungenießbar. Zu viel Verkehr und Kraftwerke produzieren zu viel Kohlendioxyd. Die Atmosphäre erwärmt sich stetig. Das Ansteigen der Temperaturen ist jetzt schon nicht mehr umkehrbar und zeigt erschreckende Auswirkungen weltweit.

Der Mensch zerstört den Planet Erde zunehmend. Pflanzenarten und Tierarten verschwinden einfach. Manche von den bedrohten Tierarten sind für uns überlebenswichtig, wie der Kampf um die Bienen zeigt. Durch die Zerstörung ökologischer Rückzugsgebiete kommen auf die Menschen enorme Probleme zu, wenn nicht sofort eingeschritten wird.

Doch es tut sich etwas. Vor allem die jungen Menschen nehmen nicht mehr alles hin. Sie folgen nicht mehr meinungslos den Politikern und den Führungskräften der Wirtschaft, die zu endlosem Konsum aufrufen. Die jungen Menschen gehen auf die Straße und viele ältere schließen sich an. Sie protestieren und wollen sich nicht mehr länger mit leeren Versprechungen abspeisen lassen. Es entsteht eine weltweite Bewegung, die täglich stärker wird. Sie wird die alten politischen Strukturen auflösen und die Mächtigen in der Wirtschaft zu einem ökologischen Handeln zwingen. Die Menschen haben erkannt, dass sie sich und unsere Natur gegen die Ignoranz der Mächtigen und Reichen schützen müssen. Der globale Kapitalismus kann so nicht mehr weiter gehen. Es ist an der Zeit neue Werte für eine ökologische Ökonomie zu finden.

Es geht um alles. Es geht um das Überleben auf dem Planeten Erde. Diese neue Bewegung lässt sich nicht aufhalten und sie wird die Gesellschaft grundlegend verändern. Es ist eine friedliche Revolution und es weht ein Wind der Hoffnung in unserer bedrohten Welt. Es tut sich etwas an der Basis und viele werden Teil der Bewegung.

„There is no planet B!"

Plakat der Freitagsbewegung der Schüler*innen weltweit

Das Märchen von der schönen neuen Welt

Wenn man klein ist, erzählen einem die Erwachsenen Geschichten, Märchen, die der Fantasie entspringen. Hier kämpfen edle Ritter mit Drachen um schöne Burgfräuleins, immer verfolgt von schlechtgelaunten Vätern, von missgünstigen Stiefmüttern oder anderen Schreckgespenstern. Am Ende siegt immer das Gute und Edle. Das Böse wird vernichtet und muss weichen.

Mit diesen Geschichten gehen wir als junge Menschen hinaus in die Welt und glauben, dass auch im richtigen Leben das Gute über das Böse siegt. Es dauert eine Weile, bis wir feststellen, dass das keineswegs immer so ist. Ganz im Gegenteil: Im wahren Leben siegen meist die Rücksichtslosen und die Schurken. Die Guten scheinen ihnen nichts entgegensetzen zu können. Und dann kommt irgendwann die Entscheidung wie bei dem jungen Skywalker in der bekannten Filmproduktion „Star Wars", ob man sich auf die gute oder auf die böse Seite der Macht begibt. Manche sträuben sich auch dagegen, sich endgültig festzulegen. Sie sind zeitlebens immer in einem Zwiespalt für welche Seite sie sich entscheiden sollen.

Und so erschafft der Mensch seine eigene Wirklichkeit. Die kann gut sein und voll mit Menschlichkeit und Liebe, sie kann aber auch abgrundtief böse und gemein sein. Viele Menschen wirken kalt und rücksichtslos. So kommt es, dass auch heute noch die guten gegen die schlechten Mächte kämpfen. In der realen Welt finden wir die edlen Prinzessinnen und Prinzen aus unserem Märchenbuch nicht mehr. Im echten Leben wird den Kindern und Jugendlichen vorgegaukelt, wenn sie nur immer schön dem Konsumgott dienen, dann werden sie begehrt und erfolgreich sein. Die Liebe und Anerkennung erkauft man sich durch den Besitz von Markenklamotten und dem neuesten Mobiltelefon. Auf den sozialen Netzwerken findet man viele Freunde und kann rund um die Uhr mit jedem weltweit chatten. Aber trotz vieler Chats und tausender digitaler Freunde bleibt der Mensch einsam. Er braucht die Nähe anderer Menschen, die er um sich hat, die ihn lieben und verstehen.

Angeschlossen an die digitalen Netzwerke, in denen schon Kinder und Jugendliche alle privaten Dinge für jedermann preisgeben, bemerken viele bald wie einsam sie sind. Gefangen in einem Körper, der trotz aller Hungerkuren nicht dazu taugt zu „Germany´ s Next Top Model" aufzusteigen und ohne jede exhibitionistische Showqualitäten, die für „Deutschland sucht den Superstar" ausreichen könnten. Der Alltag bleibt glanzlos und hart, mit wenig Freizeit und hohem Stresspotential bereits im jungen Alter. Schon sehr früh wird aussortiert. Die Noten und vor allem auch die Herkunft entscheiden darüber, wer eine höhere Schullaufbahn einschlagen kann und wer erfolgreich und wohlhabend sein wird. Wer keine Eintrittskarte zu einem besseren Leben hat, bleibt draußen.

Fernsehsender zeigen den Jugendlichen, wie man als Immobilienmakler oder Autohändler cool und möglichst ohne Anstrengung viel Geld verdient. Andere wieder verdienen viel Geld als Influencer mit tausenden Followern, für die sie gezielt Werbebotschaften platzieren. Den Erfolg erkennt man an den Statussymbolen: „Mein Haus, mein Auto, meine Yacht". Andere Werte, wie Freundschaft, Familie oder Hilfsbereitschaft und Charakter zählen nicht in dieser Welt der Statussymbole. Viele junge Menschen flüchten sich so in eine Traumwelt, die sich aber leider nur für die wenigsten von ihnen öffnet.

Es gibt dann später bei den Erwachsenen die Gewinner und Verlierer. Wenn man es geschafft hat, kostet man seinen Erfolg aus. Die Verlierer sind ja selbst schuld, wenn sie zu wenig Ehrgeiz zeigen. Inzwischen öffnet sich eine breite Schere zwischen Arm und Reich. [1] Die arbeitende

---

[1] https://www.oxfam.de/ueber-uns/aktuelles/2018-01-22-82-prozent-weltweiten-vermoegenswachstums-geht-reichste-prozent

Bevölkerung verdient nicht genug, um auch am Luxus teilzuhaben. Gerade in den ärmeren Ländern kämpfen viele täglich ums Überleben. Andere schwelgen im Luxus. Anstatt uns human vorwärts zu bewegen, gelten wieder die alten Gesetze eines Steinzeitkapitalismus: „Nimm Dir was Du brauchst! Achte nicht auf andere! Wer nichts hat ist selbst schuld!" Sozialhilfe, Rentenanpassung, soziale Projekte? „Nein danke!"

Betrachtet man unsere Erde weltweit, ist die schöne neue Welt nur für ganz wenige eine Traumwelt aus Konsum und Selbstverwirklichung. Viele Menschen in den armen Ländern leben heute noch wie moderne Sklaven aus einem anderen Jahrhundert. Für einen Hungerlohn müssen sie ihr ganzes Leben, oft schon von Kindesbeinen an, für den Wohlstand der anderen schuften. Gezielt wird diesen Menschen die Möglichkeit, sich zu bilden verwehrt. Sie könnten ja auf die Idee kommen aus ihrem Sklavendasein auszubrechen. Sieht man die Verteilung des Reichtums auf nur wenige und die große, bittere Armut von so vielen, fühlt man sich um hunderte von Jahren zurückversetzt. Schon im alten Ägypten und Rom, später im Mittelalter bis hin zu den Zeiten der Industrialisierung gab es auf unseren Planeten nur wenige reiche Menschen. Die Mehrheit der Menschen war arm und wurde ausgebeutet und unterdrückt.

Das Recht des Stärkeren gilt immer noch. Wenige reiche Staaten beuten die ärmeren Länder heute noch wie zu den Zeiten des Kolonialismus aus. Glück hat, wer wohlhabend geboren wird. Die anderen haben nun mal Pech. Da kann man nichts machen, sonst würde man seinen eigenen Wohlstand gefährden. Das versuchen die Mächtigen uns Unentschlossenen als unabänderliche Wahrheit darzustellen. Den Armen macht man vor, sie könnten den amerikanischen Traum leben: „Vom Tellerwäscher zum Millionär." Viele der Armen glauben allerdings schon lange nicht mehr an dieses Märchen.

Wie lange können wir reichen Länder uns die Überzahl an armen Menschen noch mit bewachten Grenzen und Soldaten vom Leibe halten? Wie lange geben sich die verarmten Massen zufrieden mit dem Wenigen, das sie vom Kuchen abbekommen? Wie lange geben wir uns selbst noch zufrieden mit diesen unmenschlichen Zuständen, die wir tolerieren sollen, um unseren kleinen Wohlstand mit Eigenheim, Auto und Mobiltelefon nicht zu gefährden? Wer nimmt uns die Angst für Menschlichkeit und unsere Ideale zu kämpfen? Wann werden wir zum kühnen Ritter, wann werden wir zur holden Prinzessin, die nicht nur vor dem Spiegel steht und sich schön macht? Die schöne neue Welt, die uns die Reichen und Mächtigen hinterlassen haben, ist voll mit Ungerechtigkeit, Hunger und Leid.

Es gibt viel zu tun. An oberster Stelle steht die Abwehr der Gefahren, die sich durch den jahrzehntelangen Raubbau an unserem Planeten Erde ergeben haben. Genauso rücksichtslos, wie sich die alte Machtriege gegenüber den Erdbewohnern verhält, genauso rücksichtslos beutet sie unseren Planeten Erde aus. Doch dieser von Abholzung und Schmutz schwer angegriffene Planet wehrt sich nun. Sturm, Erdbeben, eine globale Erderwärmung, das Ozonloch und das Schmelzen des Eises an den Polen sind furchtbare Vorboten einer anstehenden Katastrophe, wenn nicht sehr bald etwas geschieht. Die Menschen müssen umdenken, sonst werden sie dieses Jahrhundert nicht überleben. Noch wird uns vorgemacht, dass die reichen Länder sich abschirmen können vor solchen Katastrophen und vor den armen und hungrigen Menschen aus anderen Ländern. Das wird uns aber nicht auf Dauer gelingen. Eine schöne neue Welt sieht anders aus. Sie darf nicht mehr nur Wenigen ein Leben im Luxus garantieren. Es muss eine solidarische Gemeinschaft aller Menschen entstehen, bei der der Einzelne auch mal verzichtet zum Wohle aller. Die Vernunft muss siegen über die Gier und den Unverstand.

Schaffen es die Menschen nicht, die alten Denkweisen und Machtmuster zu überwinden und hören sie nicht damit auf, das meiste Geld in Waffen zur gegenseitigen Vernichtung und in die Ausbeutung von Ressourcen zu stecken, werden weitere Katastrophen folgen. Noch werden Luxusträume für wenige Auserwählte aufgebaut anstatt Geld in die Entwicklung von neuen Technologien und in eine nachhaltige Produktion zu investieren.

Es wird Zeit für einen Umdenkprozess. Wenn wir die Medien verfolgen, sehen wir, dass eine weltweite Bewegung entsteht. Überall machen sich junge und auch ältere Menschen auf den Weg, die den Irrsinn von Kriegen und massiver Umweltzerstörung satt haben. Es sind Menschen, die an die Zukunft unseres Planeten glauben, die ihn schützen wollen vor skrupelloser egozentrischer Ausbeutung. Es sind Menschen, die andere Werte haben, als immer nur das Beste auf Kosten anderer für sich herauszuschlagen. Die neue Bewegung schließt sich zusammen, um gegen den gemeinsamen Feind, der Unmenschlichkeit und Ignoranz, die sich in unserer Gesellschaft ausgebreitet haben, vorzugehen. Neue Werte werden die alten ersetzen. Nichts bleibt, wie es war.

Es ist ein Irrtum

Es ist ein Irrtum, darauf zu warten, dass andere etwas tun, Es ist auch ein Irrtum daran zu glauben, dass Politiker, Wirtschaftsbosse, Finanzjongleure oder andere Mächtige dafür sorgen, dass sich etwas ändert, und zwar schnell genug um unseren Planeten noch zu retten. Das Gegenteil ist der Fall. Die Mächtigen werden sich nicht selbst abschaffen. Das System, das schon immer auf die Gewinnmaximierung einzelner hingearbeitet hat, verhält sich nicht plötzlich ökologischer oder sozialer, nur weil wir vor einer globalen Umweltkatastrophe stehen.

Man redet Probleme klein, verweist auf ferne Ziele der Umweltpolitik, die viel zu spät greifen. Hauptsache man beschwichtigt die Bevölkerung und gibt vor, etwas zu tun. Leider wird das viel zu wenig und viel zu spät der Fall sein. „Sollen die, die nach uns kommen, unsere Umweltsünden aus der Welt schaffen!" Dann ist man selbst schon lange im wohlverdienten Ruhestand oder auch nicht mehr da. Die Politiker retten sich mit leeren Versprechungen von einer Wahlperiode zur nächsten. Erst mal Abwarten und wieder eine neue Studie in Auftrag geben, obwohl man doch schon weiß, dass es kurz vor zwölf ist.

Ein System kann nur von außen, nicht von innen geändert werden. Das System der Macht kann nur durchbrochen werden, wenn es den Menschen gelingt, sich zu solidarisieren und sich den Auswüchsen der Macht entgegen zu stellen. Die neuen Ideen zur Rettung unseres Planeten werden nicht von den mächtigen Wirtschaftsbossen und nicht von den Politikern kommen. Sie kommen von uns selbst, wenn wir uns auflehnen gegen ignorante Machthaber.

Die Rettung des Planeten liegt an uns, die wir momentan noch ein Spielball der Mächtigen sind. Gefordert ist vor allem die junge Generation, die vor einem Scherbenhaufen stehen wird, wenn nicht bald radikale Änderungen kommen. Man vertröstet uns in den Demokratien auf die nächsten Wahlen und macht uns vor, die gewählten Politiker würden dann unsere Interessen vertreten. Leider vergessen die Politiker viel zu oft ihre Versprechen, wenn sie an der Macht sind. Dann dienen sie vor allem den Interessen ihrer Partei oder werden von Lobbyisten der Wirtschaft oder anderen machtvollen Verbänden instrumentalisiert. Schließlich wollen sie ihrer eigenen Karriere nicht schaden.

Man will uns glauben machen, dass es ohne die mächtigen Interessensverbände aus der Wirtschaft nicht geht, dass die Verfilzung von Politik und Macht nötig sei, um politische Ziele umsetzen zu können. Und so dreht sich die Spirale weiter. Die Reichen und Mächtigen gewinnen immer mehr an Einfluss, die Armen und Schwachen werden stimmlos und verlieren. Sie haben keine Lobby. Man entscheidet über ihre Köpfe hinweg. Die meisten Umweltstudien werden von den Wirtschaftskonzernen selbst in Auftrag gegeben oder von der Politik. Da wundert es einem nicht, wenn nichtgewollte Ergebnisse einfach nicht veröffentlicht werden, weil sie nicht in die Konzernpolitik oder ins politische Programm passen.

In den demokratischen Staaten gibt es Oppositionsparteien oder die freie Presse, die die Menschen kritisch informieren sollten. Leider erscheint einem so manches Statement der Opposition kleinlaut und bei manchen Artikeln der Presse, weiß man nicht, ob hier kritisch recherchiert wurde. Werden die Pressetexte der Regierung und der Unternehmen auch kritisch hinterfragt, bevor man sie druckt? Der Berufsstand der Journalisten wird von manchen Bürgern als „Lügenpresse" tituliert. Das ist eine scharfe Kritik, aber man sollte es dennoch ernst nehmen und hinterfragen.

Oft erscheint es dem Bürger als würden unliebsame Meinungen gar nicht mehr veröffentlicht. In manchen Ländern werden ganze Fernsehsender oder Medienkanäle von Parteien und Politikern beeinflusst oder aufgekauft. Die freie Presse ist mancherorts gar nicht mehr so frei. Beiträge von Journalisten, die allzu kritische Fragen stellen oder Missstände aufdecken werden oft gar nicht mehr gesendet oder gedruckt. In den Talkshows kommen immer wieder die gleichen Meinungsmacher zu Wort, handverlesen und teilweise ohne Gegenstimme. Die Informationsmöglichkeit der Bürger wird so schon vorab eingeschränkt und während man bei anderen Ländern die Möglichkeit der freien Meinuns-äußerung, das Recht auf Demonstrationen und Volksentscheide einfor-dert, versucht man im eigenen Land alle kritischen Stimmen mundtot zu machen. Das ist eine Doppelmoral. Entweder gilt das Grundrecht der freien Meinungsäußerung für Journalisten und Bürger oder es zählt nicht mehr. Dann verlieren wir ein wichtiges Grundrecht unseres Recht-staates. Dies hat nichts mit dem Verbot von Hassreden und dem Aufruf von Gewalt zu tun. Hier geht es um das Recht der freien Meinungsäu-ßerung. Wir müssen uns nicht wundern, wenn die Spezies der kritischen Journalisten langsam ausstirbt, in einem Land, wo kritische Beiträge nicht mehr veröffentlicht werden.

In den Betrieben sollten die Gewerkschaften die arbeitende Bevöl-kerung vertreten. Dazu gibt es in größeren Unternehmen einen Be-triebsrat und einen Aufsichtsrat, der zum Teil von der Belegschaft ge-wählt wird. Aber die Vertreter der Arbeitnehmer, die eigentlich eine Ge-genkraft zu den Arbeitgebern darstellen sollten, ändern oft ihre Mei-nung, wenn sie erst mal selbst zum Machtapparat gehören. Zu oft ge-raten junge Idealisten in die Fänge der Realpolitik. Sie werden „umge-polt" und dem System einverleibt und so mancher Gewerkschaftler o-der Sozialdemokrat findet sich später gut bezahlt im Aufsichtsrat oder als Berater eines Unternehmens wieder.

Über Jahrzehnte hinweg hat sich eine Kultur des Wegschauens und der Resignation vor dem Status Quo herausgebildet. Demokratie bringt nicht viel, wenn politische Überzeugungen weichgespült werden. Und dann gibt es noch die Bedrohung durch die Hardliner, die die demokra-tische Ordnung aushöhlen wollen. Es gewinnen antidemokratische, re-publikanische und nationalistisch gesinnte Parteien an Einfluss, die ver-suchen die frustrierten Massen hinter sich zu bringen. Die neuen Brand-stifter auf dem politischen Parkett predigen wieder Nationalismus und Fremdenhass. Sie denken durch die Diskriminierung anderer Kulturen und Weltanschauungen von den eigentlichen Problemen ablenken zu können. Diese Parteien gewinnen gerade in jüngster Zeit immer mehr Wähler.

Zulauf bekommen die nationalistischen Parteien vor allem von frustrierten Bürgern, die immer mehr in eine soziale Notlage geraten. In den Industrienationen kann man deutlich einen steigenden Neokapitalismus erkennen, der wenig Rücksicht auf die unteren Gesellschaftsschichten nimmt. In den Großstädten versuchen Immobilienhaie die Mieten immer weiter nach oben zu schrauben. Es ist kaum mehr möglich bezahlbare Wohnungen zu finden. Die Menschen müssen gut verdienen und oft sogar mehrere Jobs annehmen, um von ihrem Geld leben zu können. Es wird immer schwieriger eine Familie zu ernähren. Viele rutschen auch in wohlhabenden Staaten in die Armutsfalle. Aufgrund von Arbeitslosigkeit oder privaten Problemen müssen manche ihr Essen bei kostenlosen Tafeln holen, um nicht zu hungern. Die neuen nationalistischen Parteien hetzen das Volk auf, ihre Armut entstünde durch die noch ärmeren Fremden, die als Flüchtlinge ins Land kommen.[2] Dabei sind es vor allem die ungleiche Einkommensverteilung und hochpreisige Mieten, die die Menschen in die Armutsfalle treiben. Aber mit Fremdenfeindlichkeit kann man besser von sich selbst als Verursacher der Armut ablenken und so wird immer neuer Fremdenhass erzeugt.

Anstatt als Opfer dieser intriganten Spiele der Mächtigen zu kapitulieren, müssen die Bürger unseres (noch) reichen Landes endlich aufwachen. Sie müssen versuchen wieder eigene Interessen zu vertreten. Demonstrationen und Volksentscheide können helfen. Nur so ist ein direktes Eingreifen in die Politik möglich. Wir dürfen nicht mehr alles nachreden, was man uns vorsagt. Jeder Einzelne sollte wieder anfangen zu denken und sich selbst seine eigene Meinung bilden. Die Schule und die wissenschaftlichen Einrichtungen sollten dazu da sein, mündige und gebildete Bürger zu formen.

---

[2] https://www.sueddeutsche.de/politik/europaeische-Fluechtlingspolitik-routen-der-hoffnung-wege-der-verzweifelten

Die neu entwickelten Technologien müssen dem Menschen und dem Erhalt des Planeten dienen. Warum selbst heute noch das meiste Geld in die Entwicklung von Waffen zu gegenseitiger Zerstörung gesteckt wird, anstatt die anstehenden Umweltprobleme in den Griff zu bekommen und caritative Hilfen für Alte, Kranke und sozial benachteiligte Bevölkerungsgruppen zu schaffen, ist schwer nachvollziehbar.

Wir könnten alle satt werden, wenn die menschliche Gier nicht wäre. Damit einige Superreiche und ihre Clans immer mehr aus den Märkten herauspressen, müssen Millionen von Kinder hungern. Weil die Waffenlobby ihre effektivsten Tötungsinstrumente verkaufen will, müssen Tausende von Menschen in den Kriegsgebieten sterben. Das geschieht fernab von denen, die sich in ihren Villen zurückgezogen haben, um nicht gestört zu werden. Und uns möchte man erzählen, dass diese Ärmsten der Armen unseren Wohlstand gefährden und nicht die rücksichtslose Ausbeutung der Ressourcen und der Umwelt durch die Reichen und Mächtigen. Dringend benötigte soziale und ökologische Veränderungen werden zwar angedacht, aber in eine Zeit verlegt in der wir sie wohl leider nicht mehr erleben werden, sofern sie dann überhaupt noch möglich und sinnvoll sind. Das Eis an den Polarkappen schmilzt schon jetzt rasant schnell, der Permafrostboden taut, die Wüstengebiete breiten sich aus, die Weltmeere sind verschmutzt und aufgeheizt.

Während Wissenschaftler vor einer rasanten Veränderung des Weltklimas und den dramatischen Folgen für die gesamte Erdbevölkerung warnen, wollen uns Politiker immer noch vormachen, dass es Jahrzehnte braucht, um umweltpolitische Änderungen durchsetzen, wie z.B. die Verringerung des CO_2-Ausstosses im Verkehr, den Ausstieg aus den Kohlekraftwerken oder ein Verbot von Plastikmüll und des Abholzens der Wälder. Diese Zeit haben wir nicht mehr. Wir brauchen keine Agenda 2030 und schon gar nicht eine Agenda 2050. Wir müssen jetzt handeln.

Anstatt die Gewinne aus den Waren- und Finanzmärkten in die Forschung und Wissenschaft für neue Energien und umweltfreundliche

Produktion zu stecken, werden Rüstungsprojekte und ein Bau von Mauern und Zäunen zwischen armen und reichen Staaten finanziert. Mit dieser Augen-zu-Politik entwerfen wir schon jetzt ein Endzeitszenario, „Mad Max" lässt grüßen.

Es kann keine Lösung sein, dass sich die reichen Staaten einfach eine Mauer um ihren Wohlstand bauen und aufrüsten, um die anderen nicht am Wohlstand teilhaben zu lassen. Dies wird in einer globalen Welt nicht funktionieren. Wenn Not im eigenen Land aufgrund von Hunger, Diskriminierung oder Krankheiten zu groß wird, setzen sich die Menschen in Bewegung. Es wird zu massenhaften Auswanderungen und Flüchtlingswellen kommen. Wenn wir den Menschen nicht vor Ort helfen, damit sie in ihrer Heimat überleben können, kommen sie zu uns. Jetzt schon sind laut Angaben der UN-Flüchtlingshilfe über 70 Millionen Menschen auf der Flucht und es werden täglich mehr.[3]

In einer Welt, in der global kommuniziert wird, erkennen die Benachteiligten, dass es wohlhabendere Länder gibt. Auch die Ärmsten der Armen wollen an dem Wohlstand teilhaben. Schon jetzt sind Flüchtlingsströme von Millionen Menschen weltweit unterwegs. Sie jagen einem Traum von einem besseren Leben hinterher und fliehen vor Hunger und Krieg. Gerne wären sie in ihrer Heimat geblieben. Niemand verlässt gerne seine vertraute Umgebung. Aber aufgrund von Kriegsverbrechen, rassistischer und religiöser Verfolgung oder mangelnder Ernährung müssen sie ihr Zuhause verlassen. Manchmal werden sie auch einfach von Schleusern mit den Versprechungen von Wohlstand und Luxus aus der Heimat gelockt. Die Schleuser wollen nur leichtes Geld die mit den Flüchtlingen verdienen. Die Flüchtlinge selbst landen oft in Notunterkünften oder sterben sogar auf der Flucht. Sind sie dann in einem der gelobten westlichen Länder angekommen, gelingt es Ihnen meist nicht die Familie nachzuholen. Sie bleiben einsam und frustriert in einem fremden Land, wo sie die Kultur und die Sprache nicht kennen und wo eigentlich kein Platz für sie ist. Viel besser wäre es, es den Menschen zu

---

[3] https://www.uno-fluechtlingshilfe.de/hilfe-weltweit

ermöglichen in ihren Ländern zu bleiben, indem man dort Kriegszustände beendet oder den Leuten hilft, eine Arbeit zu finden, um ihre Familie ernähren zu können.

Eine Politik des Abschottens ist sinnlos. Hier ist eine Politik der Menschlichkeit und der Hilfe gefragt. Gerade die reichen Staaten könnten diese Menschen unterstützen, damit sie in ihrer Heimat bleiben können. Und man muss endlich damit aufhören, Kriege anzuzetteln, bei denen es sowieso nicht um Religion oder Menschenrechte, sondern um wirtschaftlichen und politischen Einfluss geht. Kriege führen unweigerlich wieder zur Verarmung der Bevölkerung und zu neuen Flüchtlingsströmen.

Die lächerliche Entwicklungshilfe und die Spenden, die von den reichen Ländern an die armen Länder gezahlt werden, verpuffen meistens, weil sie nicht nachhaltig sind. Die armen Staaten brauchen vor allem Bildung für die Kinder und Jugendlichen und eine Chance für die Jugend später im eigenen Land eine Arbeit zu finden. Ein paar Hilfslieferungen Reis oder Mehl reichen hier nicht aus. Die Bevölkerung muss am Reichtum des Landes und an den politischen Entscheidungen beteiligt werden.

Oft sind die armen Entwicklungsländer reich an Rohstoffen oder liefern Agrarprodukte an reiche Staaten. Aufgrund korrupter Politiker und rücksichtsloser Geschäftspartner aus dem Ausland, werden die Menschen um den Reichtum ihres Landes gebracht. Die Entwicklungsländer bleiben unterentwickelt und arm, obwohl es viele Bodenschätze oder auch Landwirtschaft gibt. Würde der Reichtum im Land bleiben und richtig verteilt werden, so könnte davon die Infrastruktur und das Bildungssystem ausgebaut werden. Leider landet das Geld oft auf den Schweizer Konten von Diktatoren und ihren Familien. Hier helfen nur internationale Abkommen und eine gemeinsame länderübergreifende Strategie, wie man solche verbrecherischen Konten sperren kann und das Geld an die Länder zurückzahlt, denen es gestohlen wurde. Man könnte so viele Hilfsprojekte starten, die den armen Menschen in ihren Ländern wieder Arbeit und Nahrung bringen. Man muss nur das Geld an die Länder, denen es geraubt wurde, zurückzahlen.

Wenn Nichtstun tödlich ist

Ich sehe die Nachrichten und denke mir, was hat uns Menschen so weit entfernt von der Vernunft. Anstatt sich auf dem Planet Erde einzurichten und endlich als humane Wesen aufzutreten nach über 6000 Jahren homo sapiens, lenken moderne Neandertaler die Geschicke der Welt. In den täglichen Nachrichten in Anzug und Krawatte, liefern sie sich auf dem Börsenbankett dieselben Kriege wie ihre Kollegen in Uniform. Die Armeen und Söldner setzen in den Kriegsgebieten die Interessen der Wirtschaft und Politik mit Waffen durch. Dazwischen agieren religiöse Eiferer, die die Menschheit am liebsten ins Mittelalter zurückkatapultieren möchten. Das Ganze wird kommentiert von Journalisten, die sich oft keine eigene Meinung mehr bilden wollen und gegenseitig voneinander abschreiben oder auch kommentarlos die Pressetexte der Regierungen und Wirtschaftsunternehmen übernehmen. Der Journalist mit investigativer Begabung und Furchtlosigkeit, der gegen den Strom schwimmt und keine Angst vor dem Andersdenken hat, hat es nicht leicht in Zeiten des Mainstreams und der Like-Kultur. Es wird für ihn immer schwieriger seine eigene kritische Meinung und Darstellung der Ereignisse zu publizieren. In manchen Ländern muss die freie Presse sogar im Untergrund agieren, da alle Nachrichtensender und Medien von den politischen Machthabern zensiert und diktiert werden.

Viele Staatsmänner halten es noch nicht mal für nötig, ihre Verachtung für Menschlichkeit und Mitgefühl zu verbergen. Dabei vergisst man so schnell, dass sich diese Alpha-Gorillas nur so platzieren können, weil die anderen dazu vornehm schweigen. Wir lassen den Mächtigen weiter ihre infantilen Machtspiele treiben. Bei Satireshows und bei politischen Debatten können wir uns selbst als kritische Bürger abheben. Nur nicht aus der Deckung gehen und selbst etwas in die Hand nehmen! Das könnte zu viel Zeit und Energie in Anspruch nehmen. Die brauchen wir schon für die Yoga-Gruppe, das Selbstfindungswochenende und all die anderen kulturell hochwertigen Zerstreuungen, die wir uns schließlich sauer verdient haben.

Jetzt aber wird es bald ernst. Erste Vorboten des Klimawandels und resistente Viren lassen uns erkennen, wie machtlos wir sind, wenn sich die Erde gegen ihren schlimmsten Feind wehrt, den Menschen. Das jahrelange Ausbeuten der Umwelt, ihrer Ressourcen und das gewissenlose Zerstören unserer Erdatmosphäre zeigen Wirkung, auch wenn von Seiten vieler Politiker nach wie vor die Erderwärmung und der Klimawandel bagatellisiert oder komplett geleugnet wird. Jeder, der aufmerksam ist, erkennt, dass wir jetzt an einem Scheideweg stehen: Lassen wir den Gorillas mit dem IQ von Stubenfliegen weiterhin freie Hand? Lassen wir uns von Idioten in den Abgrund führen? Wir müssen aktiv werden und die Natur als unsere Lebensgrundlage schützen.

Lassen wir endlich intelligente und mutige Menschen ans Steuer. Wir haben auf unserem Planeten unendlich viel Wissen und eine enorme Kreativität, auch „Humankapital" genannt. Zapfen wir diese Quellen an und geben wir ihnen eine Stimme! Es gibt kein Wegsehen mehr. Man kann auch nichts mehr schön reden. Die Kinder und Jugendlichen gehen inzwischen selbst auf die Straße, um für eine andere Umweltpolitik und für ihre Zukunft zu kämpfen. Sie trauen uns Erwachsenen nicht mehr. Sie wollen nicht mehr schweigend zusehen, wie wir ihre Zukunft zerstören. Viele Eltern und Wissenschaftler schließen sich an.

Die Zeit wird knapp

Wir können nicht mehr warten, bis sich Politiker über ein weltumfassendes Konzept zum Kampf für eine saubere Umwelt einigen. Internationale Umweltgipfel enden damit, dass sich einige große Wirtschaftsländer komplett ihrer Verantwortung entziehen und andere nur zaghaft debattieren. Während die einen geradeheraus einen Kapitalismus vertreten, der getarnt als freie Marktwirtschaft, dazu berechtigt den Planet Erde erbarmungslos auszubeuten, möchten sich die anderen unter dem Deckmantel eines ökologischen und sozialen Bewusstseins verstecken. Entscheidungen werden vertagt, Ziele werden auf eine ferne Zukunft verlegt. Aber es geschehen momentan Veränderungen in der Umwelt, die nicht wieder rückgängig gemacht werden können. Schon jetzt müssten wir alle Kräfte bündeln, um einen Klimawandel, der katastrophale Folgen hat, noch entgegen zu wirken.

Momentan hält eine internationale Finanzlobby die Fäden in der Hand. Es regieren die allmächtigen Öl- und Gaskonzerne, die Lobbyisten großer Industriebranchen wie die Automobilindustrie, die Pharmaindustrie, die Chemieriesen und die Kohleproduzenten, ebenso wie die Bauindustrie und Konzerne aus der Lebensmittelbranche. Die großen Unternehmen versuchen sogar noch aus der Erderwärmung und der Verknappung der Trinkwasserreserven Profit zu schlagen. Sie kaufen gerade in den armen Ländern Grundwasserrechte, um so von den Ärmsten Geld für das zum Überleben notwendige Trinkwasser zu bekommen.[4]

Die Kapitalinvestoren bestimmen die Märkte. Angebot und Nachfrage regeln die Preise. Auch wenn sich bei den Konsumenten in der Lebensmittelbranche eine Tendenz zu fair gehandelten Waren entwickelt hat und sogenannte Bioprodukte im Aufwind sind, ist das nur ein

---

[4] https://www.wasserraub.de/privatisierung/

kleiner Schritt in Richtung einer ökologischen Wirtschaft. Eine umfassende umweltfreundliche Energiegewinnung und eine umweltbewussten Produktion von Waren werden in die nächsten Jahrzehnte verlegt. Die Umstellung auf CO_2-arme Fahrzeuge folgt viel zu zögerlich. Wichtiger sind den Politikern und den verantwortlichen Wirtschaftsbossen Prestigeobjekte, wie ein Flugtaxi für die vom Großstadtverkehr genervten Reichen oder die Reise zum Mond oder Mars oder selbstfahrende PKWs und Busse. Da wird viel Geld in die Entwicklung von sinnlosen Luxusprojekten gelegt, anstatt alle Kraft darauf zu verwenden, die Erde vor einem Kollaps zu retten.

Immer wieder gehen Schreckensgespenste von einem Börsencrash um. Das lähmt fortschrittliche Gedanken, die sich von alten Machtstrukturen lösen. Was wäre so schlimm daran, wenn alte Aktien der alten Branchen an Wert verlieren? Was hindert uns daran, neue Aktiengesellschaften und Fonds zu gründen, die ihren Fokus auf umweltfreundliche Technologien und nachhaltige Produktion richten? Viele superreiche Aktionäre würden ihre Bankmillionen und ihre Macht verlieren, oder sie müssten sich anpassen und in umweltschonende Fortschrittstechnologien investieren. Wie wäre es mit einem Neuanfang? Die Erde den Menschen zurückgeben, das wäre die richtige Konsequenz aus dem selbstgemachten Debakel. In den nächsten Jahrzehnten wird die Menschheit um ihr Überleben kämpfen. Nun müssen die Menschen handeln und in Zukuftsprojekte investieren, damit aus dem „immer Mehr!" nicht unser Ende wird.

Wenn dann auch die Finanzmärkte nicht mehr nur zur Selbstbereicherung dienen, greifen wir wieder auf natürliche reale Güter als Investitionsanlagen zurück. In einer Welt, in der viele Investoren lieber ihr Geld in imaginäre, umweltschädliche Kryptowährungen wie den Bitcoin stecken, anstatt in technologischen Neuerungen zu investieren, kann man nur hoffen, dass den Finanzhaien endlich mal ihr Geld ausgeht. Deren Geld wird nur selten in die Weiterentwicklung von ökologischem Projekten oder ressourcenschonenden Produktionsmethoden fließen. Das meiste Geld wird schließlich auch heute noch mit dem Ausbeuten von Ressourcen und mit Waffenhandel verdient.

Was muss sich ändern? Eigentlich alles. Angefangen von einem Bewusstsein für das, was gut für uns ist, bis hin zur Erkenntnis, welche Werte wir setzen, um uns und unseren Planeten zu retten. Weg mit den alten Strukturen, die uns in eine Zeit des Klimawandels und großer Katastrophen geführt haben! Mit den Folgen müssen wir schon heute leben: dem Aussterben von Pflanzenarten und Tierarten, dem Austrocknen ganzer Regionen, mit Überschwemmungen, Stürmen und Tsunamis. Die Katastrophen werden nicht weniger, sie werden stetig mehr und größer. Wenn wir nicht aufpassen, schaffen wir uns selbst ab: den Menschen, die „Krönung der Schöpfung".

Das Buch „Die Welt wird sich ändern" mag vielen radikal erscheinen. Manche Gedanken sind es teilweise auch, wobei ich selbst der Ansicht bin, dass die Radikalität, die gefordert wird, von der Vernunft vorgegeben wird. Die Menschheit, das heißt wir alle, werden dieses Jahrhundert nicht überleben, wenn wir nicht komplett alles in Frage stellen, was unsere heutige Gesellschaft akzeptiert und teilweise sogar für fortschrittlich hält.

Neue Ideen und Lebensformen sind angesagt. Vorbei mit Mainstream und Hängematte! Wir müssen wieder unsere Talente und Kreativität entdecken. Zeigen wir auch unsere Fähigkeit als Menschen auch in großer Not zusammen zu halten und füreinander da zu sein! Zeigen wir die Bereitschaft zum Wohle von Vielen auf einiges zu verzichten! Die Eigenart des sozialen Wesens des Menschen ist es, sich mit Gleichgesinnten zu solidarisieren und nach Lösungen zu suchen.

Wir haben ein großes Spektrum an Wissenschaftlern, die auf allen möglichen Gebieten ihre Forschungen betreiben. Nichts ist unsinniger als kluge Köpfe damit zu beschäftigen, immer gefährlichere Vernichtungswaffen herzustellen und zu testen oder weiterhin Giftstoffe zu produzieren, die der Umwelt schaden. Oft genug werden in armen Ländern die Waffen für die reichen Länder erprobt. Wenn wir endlich das viele Geld, das hier verschwendet wird und das zum Leid vieler Menschen führt, anderweitig einsetzen, kann uns das in sehr kurzer Zeit in die Lage versetzen, doch noch wirksam in den Kreislauf der Umweltzerstörung einzugreifen.

Wir, das Volk, müssen wieder bestimmen, in welche Richtung wir in Zukunft gehen wollen. Wir dürfen uns nicht weiter mit Konsum einlullen lassen. Wem nutzt die 24-Stunden Erreichbarkeit mit dem Mobiltelefon? Für viele Menschen ist die totale Erreichbarkeit und Flexibilität schon zum Fluch geworden. Ständige Erreichbarkeit führt zum Stress und zur Dauerbelastung. Der Mensch ist ein empfindsames, von Gefühlen geleitetes Wesen. Sein größter Wunsch ist es, von seinen Mitmenschen geliebt und anerkannt zu werden. Viel zu oft ist aber die Liebe anderer daran geknüpft, ob man eine gute gesellschaftliche Stellung hat und über materielle Werte verfügt. Es ist schwer dem Konsumdruck standzuhalten, wenn doch so viel damit verbunden ist: Liebe, Anerkennung, Wertschätzung.

Die Werte der Gesellschaft bestimmen wir. Anerkennung sollte dem Menschen selbst und seiner Person zu Teil werden, nicht dem, was er sich leisten kann. Was ist mit den Millionen von Menschen, die weder schön noch reich sind? Dienen sie nur als Komparsen für die Wenigen, die alles haben? Warum können wir nicht alle Menschen anerkennen, so wie sie sind? So könnten wir uns selbst befreien vom Zwang, uns anzupassen, damit wir geliebt werden. Wieviel Leid ersparen wir uns selbst, wenn wir endlich so sein dürfen, wie wir sind? Wie viele Aggressionen und Selbstzweifel werden vermieden? Bleibt es nur ein Menschheitstraum: eine solidarische Gemeinschaft von Menschen, die selbstbewusst leben und aufeinander Rücksicht nehmen?

Zugegeben. Neokapitalisten, Kriegstreiber und Narzissten wären in einer solchen Welt überflüssig. Die vielen Prestigeobjekte würden nicht mehr gekauft, weil sie nicht mehr nötig sind, um sein Selbstbild aufzupolieren. Die Grenze von Meins und Deins verschwimmt. Die Menschen werden wieder großzügiger. Die Reichen merken, dass es nicht nur ihr Verdienst ist, in einer reichen Familie geboren zu sein oder wirtschaftlich Erfolg gehabt zu haben. Und plötzlich merken alle, wie befreiend es sein kann, nicht mehr einsam dem Konsumgott zu dienen, sondern zusammen mit den Mitmenschen in Frieden zu leben und das was man hat zu teilen. Es heißt bereits in der Bibel: „Geben ist seliger denn nehmen!". Alle großen Weltreligionen sprechen hier die gleiche Sprache.

Jeder, der mal einem anderen Menschen helfen konnte, weiß, dass es so ist. Der Mensch wird erst durch Menschlichkeit zum Menschen. Der übermäßige Konsum verblendet uns.

Luxus und übermäßiger Konsum sollen die Menschen ablenken von dem Gefühl der Einsamkeit und der inneren Leere. Der größte Teil der Menschheit aber hat diese Möglichkeit nicht. Er ist Armut, Hunger und Leid ausgesetzt. Diese Menschen leiden für unseren „Reichtum", der eigentlich kein Reichtum ist. Denn im Herzen und im Geiste bleiben wir arm. Die glanzvolle Konsumwelt bleibt kalt und herzlos. Sie saugt uns ein, gaukelt uns Glücksgefühle vor und spuckt uns wieder aus. Am Ende bleiben nur Verlierer. Anstatt unsere innere Leere mit Süßigkeiten und mit gutem Essen vollzustopfen, könnten wir mit dem Motto „weniger ist mehr" andere unterstützen und aus ihrer Not helfen. Luxusgüter, Autos. Mode, Schmuck machen auf Dauer nicht glücklich. Schnell verfliegt das Interesse und genießen können wir unseren Reichtum oft nicht, weil wir vereinsamen und immer höherem Druck und Stress ausgeliefert sind. Oft haben wir gar keine Zeit, uns an den Dingen zu erfreuen, die wir uns leisten können.[5]

Die Seele schreit nach Verständnis und Liebe. Der Körper sehnt sich nach Ruhe und Ausgeglichenheit. Rastlos ziehen wir in einer Welt umher, die längst nicht mehr unsere Bedürfnisse befriedigen kann. Während manche für zwei arbeiten müssen, finden andere keine Arbeit und fühlen sich nutzlos. Die Verteilung der Arbeit ist nicht mehr gerecht. Viele haben nicht die Möglichkeit ihren Lebensunterhalt selbst zu verdienen. Sie wurden aus der Leistungsgesellschaft ausgeschlossen und leben nun von Almosen. Der leistungsfähige Teil der Bevölkerung wird komplett aufgefressen von Leistungsdruck und Überstunden. Hier bleibt keine Zeit mehr für Kreativität und Leidenschaft. Der Mensch wird müde. Die in der Kindheit so bunte Welt wird grau und farblos.

---

[5] https://www.planet-wissen.de/gesellschaft/wirtschaft/konsum/ pwiediekehrseite-deskonsums100.html

In den westlichen Industrienationen sind psychische Leiden, Depressionen und „Burn-outs" an der Tagesordnung. Sie machen inzwischen einen Großteil der Erkrankungen aus. Erst seit die Wirtschaft durch hohe Krankheitsraten in der Arbeitnehmerschaft viel Geld verliert, werden die seit Jahren bekannten Tendenzen auch bei den Wirtschaftsbossen und den Politikern zur Kenntnis genommen.[6] Kranke kosten und deshalb muss man etwas tun. Halbherzig wird ein Betriebliches Gesundheitsmanagement eingerichtet. Es gibt Arzneimittel und Kuren für Burnout-Opfer. Wir kleben ein paar Pflaster auf einen kranken Betriebsalltag, auf die unmenschlichen Arbeitsbedingungen in unseren Fabriken und Großraumbüros.

So ist das in den reichen Ländern. Von den unmenschlichen Arbeitsbedingungen in den armen Ländern der Dritten Welt wollen wir gar nicht erst sprechen. Wer nicht mehr funktioniert wird ausrangiert. Der Mensch wird zum Wegwerfprodukt. Was aber tun, wenn dies nicht mehr nur ein paar Ausnahmen sind? Inzwischen kommen Millionen Arbeitnehmer, darunter auch viele Führungskräfte mindestens einmal im Leben psychisch und physisch an ihre Grenzen.

Erschwerend zur immer hektischeren und isolierten Arbeitswelt, hat in einer individualistischen Gesellschaft der Einzelne oft keine Familie mehr, die ihn auffangen kann. Die Verlierer in dem gnadenlosen Konkurrenzkampf werden fallen gelassen. Inzwischen wetteifert nicht nur Mensch gegen Mensch, sondern auch der Mensch gegen Maschinen und gegen Erfindungen der künstlichen Intelligenz. Man braucht viele Menschen nicht mehr. Gerade Menschen mit schlechter Bildung oder mit physischen und psychischen Hemmnissen geraten bei der gnadenlosen Konkurrenz auf dem Arbeitsmarkt ins Hintertreffen. Arbeitskräfte werden benutzt und weggeworfen, wenn sie nicht mehr leistungsfähig genug sind.

---

[6] https://blog.machtfit.de/blog/2018/01/25/was-kostet-ein-burnout-die-folgen-fuer-die-gesundheit-im-unternehmen-und-die-mitarbeiter/

Rücksichtslos wird die Einsamkeit vieler Menschen dazu benutzt, dass man sie mit sinnlosen Medienbotschaften überflutet. Das soziale Netzwerk, das in der Realität oft nicht mehr existiert, soll nun digital aufgebaut werden. So sind viele im digitalen Netz gefangen. Tausende von Unsinnsbotschaften werden gepostet und Musik und Filme per Streaming geladen, um sich zu zerstreuen. Nur so wird die Einsamkeit erträglicher. Der moderne Mensch verbringt viele Stunden am Tag in den sozialen Netzwerken und mit den Angeboten der neuen Medien, wie zum Bespiel dem Streaming von Filmen und Musik. Schlechter Nebeneffekt: Die neuen Medien verbrauchen jede Menge Strom, da alle Daten in Rechenzentren gespeichert und auch wieder tranferriert werden müssen.

Kein Mensch interessiert sich anscheinend dafür, welche immense Umweltschäden aufgrund von CO_2-Ausstoß und der nötigen Stromerzeugung für die Aufladung der Geräte, für den Datentransfer und für den Betrieb und die Kühlung der Rechner in den aktiven Rechenzentren entstehen. Schalten wir einfach ab! Das Leben in der realen Welt kann viel schöner sein als das in der virtuellen Welt, in die wir entfliehen. Erfreuen wir uns an der Natur und an unseren Mitmenschen! Geben wir wieder Wärme und Liebe weiter! Machen wir unseren Planeten wieder menschlich!

Weniger ist mehr

Was hält uns noch in diesem gesellschaftlichen System gefangen, das uns so strapaziert und uns Fesseln anlegt. Wann sprengen wir die körperlichen und geistigen Zwangsjacken? Zumindest für uns in den demokratischen westlichen Ländern sollte es ja möglich sein, unsere Freiheit und die Menschlichkeit gegen die Zwänge der kapitalistischen Marktwirtschaft zu verteidigen. Soziales Miteinander und humane Lösungen könnten eine weitere Spaltung der Gesellschaft verhindern. Aber was geschieht? Die verschiedenen Gesellschaftsschichten werden gegeneinander aufgehetzt und ausgespielt. Gerade die unteren bildungsfernen Schichten bilden eine breite Basis, um Fremdenhass und das Ausgrenzen von noch Schwächeren zu forcieren. So kommen diese Menschen auch nicht auf die Idee, dass sie selbst von den besseren Gesellschaftsschichten bereits ausgegliedert wurden. „Brot und Spiele" von den öffentlichen Medien sollen für Kurzweil sorgen und den Menschen vorgaukeln, sie hätten es gut.

Wenn zwei sich streiten, freut sich der Dritte. Während sich die abgehängte ärmere Schicht darüber mokiert, nicht genug konsumieren zu können und zu wenig Geld zur Verfügung zu haben, ärgern sich die „Leistungsbürger" darüber, dass sie für die Ärmeren und Arbeitslosen mitarbeiten sollen. So erfinden sie immer perfidere Systeme, die sozial Schwächeren zu schikanieren. Die Beamtenapparate, die zur Kontrolle der Leistungsempfänger da sind, kosten um ein Vielfaches mehr, als die Gewährung eines Grundgehalts und einer Grundrente. Die freie Wirtschaft zahlt den Arbeitnehmern in vielen Fällen einen Lohn, der gerade mal dem Mindestlohn entspricht. Reich werden kann von ehrlicher Arbeit eigentlich niemand mehr, eher krank. Für eine ordentliche Rente im Alter kann nicht angespart werden. So ist der Weg in die Altersarmut für viele vorprogrammiert.

Auf den Biorhythmus des Menschen und auf nötige Ruhezeiten wird in der modernen Arbeitswelt keine Rücksicht genommen. Es wird bis zur Erschöpfung gearbeitet. Unmenschliche Schichtbetriebe im ständigen Wechsel und Ladenöffnungszeiten bis um Mitternacht torpedieren die Gesundheit und machen ein Sozialleben und Familienleben fast unmöglich. Dennoch bleibt am Ende des Monats meist zu wenig übrig. Vor allem zu wenig Lebenszeit, in der es den Menschen gut geht und die sie gemeinsam mit anderen genießen können.

Nicht nur in den reichen Industrienationen, auch in den ärmeren Ländern sind die Mieten für Wohnraum in den Städten so angestiegen, dass sich die Menschen gerade mal ein Dach über den Kopf leisten und sich und ihre Familie ernähren können.[7] Viele müssen auch in lebensunwürdigen Unterkünften ohne Lebenskomfort hausen. Und warum? Damit einige wenige in Saus und Braus leben und ihren imaginären Reichtum auf den Bankkonten weiter anwachsen lassen können. Geld machen nur die skrupellosen Immobilien- und Finanzhaie und vielleicht noch einige wenige Wirtschaftsbosse und Politiker, die sich von ihnen korrumpieren lassen. Der normale Bürger geht leer aus. Ihm droht der Abstieg in die Armut und in die Arbeitslosigkeit, wenn er sich den Gesetzen des Marktes nicht beugt. Sein Leben verbringt er im Hamsterrad der eigenen materiellen Ziele. Es gehört denen, die das Kapital und damit die Macht in den Händen halten.

Was wir brauchen ist eine Herrschaft der Vernunft. Eine gerechte Verteilung der Arbeit und des Reichtums dieses Planeten auf alle, die auf ihm wohnen. Damit meine ich nicht nur die Menschen, sondern alle Lebewesen. Die grenzenlose Gier des Kapitalismus macht das Leben nicht nur für uns Menschen schwer. Er ist verantwortlich für Massentierhaltung und schreckliche Zustände bei Viehtransporten und in den Schlachthäusern. Doch die Natur wehrt sich. Wie lange dauert es bis zur nächsten Schweinepest oder Vogelgrippe? Wo bricht der nächste Rinderwahnsinn aus? Unter den jetzigen Haltungsmethoden unserer Schlachttiere ist dies nur eine Frage der Zeit. Vollgepumpt mit Antibiotika und anderen Arzneimitteln, damit sie den grausamen Alltag in viel

---

[7] https://www.personalwirtschaft.de/der-job-hr/arbeitswelt/artikel/hohe-mieten-in-staedten-sind-ein-problem-fuer-arbeitnehmer-und-arbeitgeber.html

zu kleinen und verdreckten Ställen überleben, ist ihr Fleisch schon heute eine Gefahr beim Verzehr durch den Menschen. Resistenzen gegen Antibiotika und anderen Arzneimitteln können in Einzelfällen bis zum Tode führen. Doch dies ist erst der Anfang.

Zu viel Gülle auf den Feldern verseucht das Grundwasser. Die Pflanzen werden mit Pestiziden und Düngemitteln überschüttet. Angeblich alles ganz harmlos. Die Gentechnik verändert die Struktur der Pflanzen auf noch unerforschte Art. Der Weizen und damit das Brot, das wir essen, ist nicht mehr das, was es einmal war. Das geklonte Schaf gibt es schon. Keiner weiß in welchen Ländern auch schon am Menschen Experimente des Klonens und der Genveränderung vorgenommen werden.

Alle geklont und makelfrei: Hochgezüchtete Milchkühe, die kaum mehr die überschweren Euter tragen können, Puten, die fast nur noch aus Putenbrust bestehen, Schweine und Kälber, die in der halben Zeit gemästet und zur Schlachtung bereit stehen müssen. Wir maßen uns an, selbst Lebewesen auf immer mehr Produktivität zu trimmen. Wir vergessen, dass mit all dem Leid, das wir über die von uns später verzehrten Tiere auch unser eigenes Leid und das Leid unseres Planeten vergrößern. Genauso, wie sich der Planet Erde gegen eine übermäßige Luftverschmutzung und Abholzung der Wälder wehrt, genauso werden Seuchen in der Zukunft uns den Appetit auf krank gezüchtete Tiere und Pflanzen verderben.

Auf dem Wildtiermarkt in Wuhan, wo unter schrecklichen Umständen Wildtiere gefangen gehalten und getötet wurden, soll das Coronavirus ausgebrochen sein. Ob es einem Versuchslabor entwichen ist oder von noch nicht identifizierten Wildtieren stammt, ist allerdings bis heute nicht wissenschaftlich geklärt. Nun kommen schon wieder neue Schreckensmeldungen von dänischen Nerztierfarmen, wo wieder neue mutierte Viren auf den Menschen übertragen wurden.[8] Wenn man bedenkt, welche Schäden für die Weltwirtschaft durch die Folgen der

---

[8] https://www.t-online.de/nachrichten/panorama/id_88913328/corona-mutation-nerz-toe-tung-in-daenemark-sollte-uns-alle-wachruetteln.html

Corona-Pandemie entstanden sind, sollte man sich wirklich mal überlegen, ob wir nicht zukünftig lieber auf solche Tierhaltungen und Vermarktungen verzichten. Ist es nicht schon pervers genug, dass man in Afrika Nashörner und Elefanten oder in Indien Tiger jagt, um Potenzmittel oder andere dubiose Heilmittel für asiatische Märkte anzubieten. Setzen wir uns nicht nur dafür ein, diese Märkte zu schließen, sondern achten wir auch darauf, dass unsere heimischen Mastanlagen und Schlachthöfe halbwegs „human" betrieben werden und die Tiere nicht so viel leiden müssen. Wir züchten Tiere in Großmastanlagen, die ohne der ständigen Beigabe von Antibiotika gar nicht überleben können. Es ist kein Zufall, dass resistente Keime in Krankenhäusern zunehmen und Antibiotika bei Krankheiten nicht mehr wirken. Antibiotikarückstände werden inzwischen schon im Trinkwasser nachgewiesen.

Wir spielen Gott und Herr der Schöpfung. Wir sind die Hexenmeister, die das Leben neu erfinden. Aber ist es denn nötig eine neue Welt zu schaffen? Schauen wir uns um auf unseren Planeten und lernen wir endlich mal die wunderschönen Dinge, die uns die Welt bietet anzusehen und uns daran zu erfreuen, anstatt immer nur zu verändern und zu zerstören. Wir sollten angesichts dessen, wie wunderschön die Welt mit ihren Pflanzen und Tieren für uns geschaffen ist, wie unterschiedlich und vielfältig sie ist, sehr demütig werden. Wir werden auch mit aller künstlichen Intelligenz keine so große Schönheit und Vielfalt erschaffen können.

Sozialistische Ideen in der Krise

Wo der Neokapitalismus regiert, haben sozialistische Ideen ausgedient, noch dazu, da es in der Vergangenheit nie einen funktionierenden Sozialismus gab. Alles eine schöne Utopie. Jeder Mensch sollte gleichviel Anteil am Reichtum einer Gesellschaft haben, jeder sollte seinen vollen Einsatz für die Volksgemeinschaft einbringen. Es lebe die solidarische, selbstbestimmte, sozialistische Gesellschaft! Leider hat es nie richtig geklappt mit der Solidarität der Sozialisten. Auch die sogenannten Kommunisten mussten im letzten Jahrhundert ihren Traum von der Herrschaft der Arbeiterklassen wieder begraben. Einige wenige unverbesserliche Ideologen tummeln sich heute noch in Studentencafés oder auf Demos. Was bleibt ist Ernüchterung. Keine dieser Ideologien hat eine Lösung für die Probleme unserer Zeit.

Im real existierenden Kommunismus bzw. Sozialismus waren die Politkader an die Stelle der Kapitalisten getreten. Sie haben das Volk teilweise noch schlimmer ausgebeutet als es die freie Marktwirtschaft jemals konnte. Stalin und Mao Zedong hatten ebenso viel Blut an den Händen wie der „Nationalsozialist" Hitler. Der praktizierte „Sozialismus" kostete Millionen Menschen das Leben oder nahm ihnen ihre Freiheit und ihre Menschenwürde. Die Menschen funktionierten nicht so, wie sie es nach den Vorstellungen der Ideologen sollten. Viele ruhten sich auch auf den Schultern der anderen aus. Außerdem waren die Systeme darauf angelegt, Sündenböcke zu suchen. Nicht den Politkader und die Fehler der Planwirtschaft hat man für wirtschaftliche Fehlentwicklungen und Missernten verantwortlich gemacht, sondern Menschen, die angeblich nicht zur sozialistischen Gemeinschaft gehörten. Sie wurden dem Volk als „Volksschädlinge" vorgeführt, verfolgt, eingesperrt und getötet. Alles zum Wohlergehen der „gesunden Volksgemeinschaft".

In Russland und China waren die Schuldigen Konterrevolutionäre und Anhänger westlicher Ideologien, bei den Nationalsozialisten waren es die Juden, die slawischen Völker und andere fremdartige Menschengruppen, die bekämpft wurden. Die Nazis wollten dem eigenen Volk mehr Macht und Stärke geben, indem sie dazu aufriefen, die Juden zu unterdrücken und auszurotten. Wie viel der Nationalsozialismus und Kommunismus den einzelnen Menschen letztendlich gebracht hat, zeigt uns die Geschichte. Millionen von Menschen-leben wurden diesen sozialistischen Ideologien geopfert.

Trauriger Höhepunkt war der zweite Weltkrieg. Hier kam es dann zur großen Völkerschlacht und nach dem Krieg zum bitteren Erwachen. Danach hatte die deutsche Bevölkerung genug vom großen Führer und von der Eroberung anderer Länder. In der Nachkriegszeit wollte jeder zunächst nur leben und für sich und seine Familie ein wenig Wohlstand schaffen. Dies war verständlich nach all der Not und den mageren Jahren. Dann allerdings wendete sich das Blatt. Den Menschen ging es wieder gut. In Deutschland sorgte ein Wirtschaftswunder für Wohlstand und für die Hoffnung, dass es bald allen besser geht. Zufriedenheit stellte sich ein und die Bürger waren froh, so wenig wie möglich von der Politik zu hören. Man zog sich ins Privatleben zurück und pflegte seine Hobbies und Vereine.

In den sechziger und siebziger Jahren spürten junge Menschen, gerade die Studenten, dass der Grundsatz: „Hauptsache uns geht´s gut!" nicht befriedigend ist. Sie sehnten sich nach Freiheit, nach individueller Lebensgestaltung ohne Zwang, nach einem menschlichen Miteinander. Die Mehrheit der Gesellschaft tat diese Jugendbewegung als Schwärmerei und Spinnerei ab. Der Meinung der Mehrheit nach musste sich die Wohlstandsgesellschaft den Geboten der freien Marktwirtschaft beugen, sonst wird sie nicht überleben. Die Studentenbewegung der 60er Jahre machte Schluss mit dem bürgerlichen Kleingeist. Ihre Anhänger forderten individuelle und gesellschaftliche Freiheit. Aber so mancher Altsechziger wurde im Laufe der Jahre selbst ein Verfechter der staatlichen Ordnung und der freien Marktwirtschaft. Sie machten Karriere und vergaßen bei ihrem sozialen Aufstieg schnell die alten Ideale.

Heute hat man die Ideen für Freiheit dem Wohlstand geopfert. Wir leben in einer Konsumgesellschaft und viele haben Gefallen daran. Es geht den Bewohnern der reichen Industrienationen in materialistischer Hinsicht so gut wie noch nie. Arbeitsstunden wurden schon in den 80er Jahren durch eine starke Gewerkschaft reduziert, Löhne wurden angeglichen. Dieser Prozess währte aber nicht lange. Heute werden diese Zugeständnisse an die Arbeitnehmerschaft mit Blick auf die internationale Konkurrenz und auf die globalen Märkte nach und nach wieder zurückgenommen. Der Mensch hat zu funktionieren, er soll mobil und rund um die Uhr verfügbar sein. Die ständige Erreichbarkeit und der enorme Stress, der in der modernen Arbeitswelt herrscht, sollen von materiellen Anreizen, die geboten werden, ausgeglichen werden.

Das funktioniert nicht immer. Die schönste Wohnung, das tollste Auto, die exklusivsten Reisen, können dem Menschen nicht die innere Leere nehmen, die zwangsläufig dann auftaucht, wenn er keine Zeit mehr für sich und andere hat. Der Mensch ist keine Maschine. Er ist ein soziales Wesen. Er lebt nicht vom Brot allein, er lebt von Ideen, von Begeisterung und von Hoffnung. Ich habe einmal den Satz gelesen: „Die meisten Menschen sterben nicht an irgendeiner Krankheit, sie sterben an gebrochenen Herzen." Sie sterben mitten in unserer lauten Spaßgesellschaft an Einsamkeit und Sinnlosigkeit.

Wer ist der größte Feind des Menschen? Das ist er selbst. Da er sich jeden Tag neu versklavt in unserer getakteten Arbeitswelt. Den Takt macht er nicht selbst. Er wird vorgegeben durch Maschinen und Auftragszahlen. Aber warum wehrt er sich nicht, dieser Mensch? Warum verzichtet er nicht einfach auf das ein oder andere Konsumgut in Hinblick auf eine humanere Arbeitswelt und auf ein besseres Leben? Die Antwort ist sehr einfach. Weil er nicht gefragt wird, was er gerne hätte.

Es ist nicht die Gier jedes Einzelnen in der Gesellschaft, es ist vielmehr die Gier von wenigen, die Millionen Menschen ein schreckliches Leben beschert. Ganz oben stehen die Wirtschaftsbosse und die Politiker, die dafür sorgen, dass immer nur an den Symptomen herumgedoktert wird. Die Ursachen für die schlechte Lebensqualität der Menschen werden erst gar nicht untersucht. Wir sind auf dem Weg in eine sich selbst betäubende Gesellschaft. Es ist fast schon ein Witz. Zuerst lassen wir uns von nur am Profit orientierten Arbeitgebern bis zum psychischen oder physischen Zusammenbruch ausbeuten, dann werden wir von der Pharmaindustrie mit Aufputschmitteln und Muntermachern wieder fit gemacht, oder mit Beruhigungs- und Schlafmitteln ruhig gestellt. Verdient wird allemal.

Jetzt ist es höchste Zeit, dass wir uns solidarisch zeigen und unsere Rechte als Arbeitnehmer auf eine menschliche Arbeitswelt geltend machen. Setzen wir uns nicht der Profitsucht von Wenigen aus! Lassen wir uns nicht kaputt optimieren bis zur Rente! Legen wir Wert auf familiengerechte Arbeitszeiten und eine „Work-Life-Balance"! Es muss wieder Raum geschaffen werden für Gefühle, für das Grundbedürfnis der Menschen nach Liebe und nach einem Sinn im Leben.

Wir hatten als Individuum noch nie so viele Möglichkeiten wie heute. Aber wir hatten auch noch nie so starke und überlegene Gegner. Ausgestattet mit allen Raffinessen der Technik und den Verführungen des Luxuslebens sollen wir blind gemacht werden für das, was man mit uns vorhat. Denn man hätte uns gerne als kontrollierbare Konsumidioten, deren Wünsche von den Agitatoren des modernen Internets bestimmt werden. Die dazu nötige Gehirnwäsche laden wir uns selbst vom Internet herunter. Um dazu zu gehören, verleugnen wir uns selbst. Wir sind nur noch Statisten in einem Spiel, das andere für uns spielen. Nehmen wir unser Leben wieder selbst in die Hand und wehren wir uns gegen die, die angetreten sind, unser Leben, unsere Freiheit und den gesamten Planten Erde zu vernichten. Was können wir tun? Da gibt es mehr, als man uns glauben machen will.

Wir sind geboren, um frei zu sein

Klingt fast schon aufrührerisch und sollte doch selbstverständlich sein: „Wir sind als freie Menschen geboren und sollten frei über unser Leben bestimmen." Aber wer ist schon frei? Jahrhundertelang haben sich die Menschen gegenseitig in gesellschaftliche Strukturen gezwungen, die im wahrsten Sinne des Wortes unmenschlich waren. In der Steinzeit lebte der Mensch noch in kleinen Familienverbänden und Gruppen zusammen, die sich täglich gegen die massiven Gefahren der Umwelt und den Schicksalsschlägen von Geburt und Tod stellen mussten. Rau ging es zu und nur die Stärksten überlebten. Der Mensch war damals kaum zu unterscheiden von einem Rudel wilder Tiere.

Ein paar Jahrtausende vor Christus begann dann die sogenannte Zivilisation. Hochkulturen schufen Tempel, Pyramiden und lernten die Fähigkeit, sich nicht nur mündlich, sondern auch schriftlich mitzuteilen. Kulturell gesehen ein Meilenstein, menschlich gesehen waren diese Zeiten aber auch nicht sehr viel besser als vorher. Herrscherdynastien und Priester beherrschten das normale Volk und versklavten große Teile der Bevölkerung. Der glorreiche Pyramidenbau in Ägypten und bei den Inkas, Mayas und Azteken war wohl eher eine abschreckende menschliche Tragödie von Tausenden rechtlosen Sklaven. Selbst im antiken Griechenland war der demokratische Disput nur Wenigen vorbehalten, die ärmeren Bevölkerungsschichten blieben außen vor. Und auch im alten Rom gab es eine klare Unterscheidung zwischen dem Patriziern, den freien Bürgern Roms und dem Plebiszit, der armen Bevölkerungsschicht und einem Heer von Sklaven.

Im Mittelalter war von der Freiheit des Denkens und von Menschlichkeit auch noch nichts zu spüren. Kaiser, Könige und Adel regierten und unterdrückten die Menschen. Wer nicht in hohem Stand geboren war, musste dienen. Auch, wenn einige wohlhabende Bürger freier Reichsstädte sich etwas selbstständig zeigen durften, bestimmten strenge Gildeordnungen ihr Leben. Die Rollen von Mann und Frau waren klarer getrennt als je zuvor. Hier war es egal, ob die Herrscher katholisch, evangelisch oder muslimisch waren. Keiner konnte sich der damaligen Weltordnung entziehen. Von zahlreichen Kriegen, wie z.B. dem dreißigjährigen Krieg, von der Pest und von Hungersnöten wurde in Europa ein Drittel der Menschen ausgelöscht. In diesen dunklen Zeiten wurde jeder, der sich nicht angepasst hat und standesgerecht benahm von der Gesellschaft geächtet oder gar getötet. Mit Hexenprozessen und der Verfolgung Andersgläubiger, wie zum Beispiel der Juden, wollte man Schuldige für Missernten und Hungersnöte verantwortlich machen. Im dreißigjährigen Krieg hat sich halb Europa wegen Glaubensfragen niedergemetzelt. Die Bevölkerung Europas wurde gerade am Ende des Spätmittelalters aufgrund von Krieg, Hunger und Krankheiten stark dezimiert.

Dann kam das Zeitalter der Aufklärung, das dem gemeinen Volk aber auch kaum eine Verbesserung der Lebensumstände brachte. Wenn man bedenkt, was „aufgeklärte Fürsten" wie Friedrich der Große an Blutbädern anrichteten, sieht man, wie sehr ein despotischer Vater und eine strenge Erziehung auch einen Schöngeist und Kunstliebhaber prägen können. Obwohl er schon als junger König Religionsfreiheit gewährte („Jeder soll nach seiner Facon selig werden!"), mit den Gedanken der Aufklärung liebäugelte und sich mit Philosophen wie Voltaire anfreundete, hat Friedrich der Große die unmenschlichen Zustände in Preußen kaum verändert. Die Leibeigenschaft der Bauern und der Einsatz von Kindersoldaten war weiterhin Alltag in seinem Königreich. Letztendlich wurde er selbst zu einem berühmten Soldatenkönig, dessen Beschäftigung nicht die geliebte Musik und hohen Künste, sondern der Kampf auf dem Schlachtfeld und die Vergrößerung seines Staatsgebiets waren. Der Großteil der Menschen war arm und konnte sich weder genügend Nahrung noch eine Vorsorge für Krankheit und Alter leisten. Die Lebenserwartung der Menschen war in diesen Zeiten nicht nur wegen der vielen Kriege gering. Viele starben schon im Kindesalter.

Nicht viel anders waren die Verhältnisse in den anderen europäischen Staaten die nach wie vor von Monarchen und Fürsten regiert wurden. Die Französische Revolution von 1789 bis 1799 sollte dem Ganzen ein Ende setzen. Der verschwenderische Luxus der Könige in Frankreich, die während der Zeit des Absolutismus allein regierten, hatte zu immer größerer Armut in der Bevölkerung geführt. Schon Ludwig der Vierzehnte, der Sonnenkönig führte in seinem Schloss in Versailles ein verschwenderisches Leben mit allem Prunk und Protz, den man sich vorstellen konnte. Als dann unter Ludwig dem XVI durch schlechtes Wirtschaften und einer prunkvollen Hofhaltung neue Hungersnöte in der Bevölkerung entstanden, war das Maß voll. Nun war endgültig der Bogen überspannt und die verarmte Bevölkerung stürmte die Bastille.

Die Französische Revolution war ein Aufschrei nach Freiheit und nach einer gerechten Verteilung des Reichtums. Der König wurde zunächst gezwungen die absolute Monarchie in eine konstitutionelle Monarchie umzuwandeln. Später wurde er trotz aller Zugeständnisse an das Volk mit seiner Familie hingerichtet. So wollte man verhindern, dass wieder ein König als Herrscher die Macht übernimmt. Viele glaubten bei der Französischen Revolution einen Wandel in der Gesellschaft herbeizuführen. Letztendlich brachte die Revolution aber für die Bevölkerung kaum Verbesserungen.[9] Es folgte ein Terrorregime, das das ganze Land in Angst und Schrecken versetzte und wieder neue Blutbäder anrichtete. Eine neue Mordmaschine, die Guillotine, kam zum Einsatz und so wurden zunächst der König und die Adeligen und später die Revolutionäre selbst enthauptet. Die alten Despoten wurden nur wieder von neuen Despoten ersetzt, die nicht weniger grausam und ungerecht waren. Der Terror regierte in den Straßen von Paris. Die Revolution fraß ihre Kinder.

Bald danach zog man wieder in den Krieg. Der freie Franzose zog mit seinem Feldherren Napoleon aus, um als Grande Nation neues Land zu erobern und von den Idealen „Liberté, Égalité und Fraternité"[10] blieben nur wieder Unfreiheit und Krieg übrig. Schnell wurde das Plebiszit von

---

[9] https://www.spiegel.de/spiegel/spiegelgeschichte/d-68812757.html

[10] https://www.habsburger.net/de/kapitel/liberte-egalite-fraternite-freiheit-gleichheit-bruederlichkeit

Napoleon in eine neue Diktatur umgewandelt. Er krönte sich selbst zum Kaiser und eroberte zahlreiche Nachbarstaaten. Erst der verlorene Russlandfeldzug bremste ihn aus und auch der zweite Anlauf, die Macht zurück zu gewinnen, endete mit der Niederlage bei Waterloo. Von Völkerschlacht zu Völkerschlacht ging es in Europa nun weiter bis ins neue Jahrtausend. Geendet haben diese Schlachten erst im 20. Jahrhundert nach Ende des ersten und zweiten Weltkrieges. Millionen von Menschen verloren ihr Leben.

Der Krieg und die Menschenverachtung waren nicht nur im „alten Europa" allgegenwärtig. Sie wurden schon seit Zeiten Columbus und der Entdeckung der Weltmeere hinausgetragen in die neuen Kontinente. Der Kolonialismus hat die dort lebenden Völker versklavt, unterdrückt und ausgebeutet. Ihre Kulturen wurden weitgehend zerstört. Noch heute leiden diese Länder unter den Folgen einer gnadenlosen Besitzergreifung und Ausbeutung durch die Eroberer. Nach Nordamerika wanderten viele Siedler aus der alten Welt aus, um sich und ihren Familien eine Zukunft aufzubauen, indem sie das Land besiedelten und Ackerbau und Viehzucht betrieben. Dies ging zu Lasten der Ureinwohner. Die vielen indianischen Stämme, die dort lebten wurden entweder durch Kriege oder Krankheiten wie die Pocken, die die Siedler einschleppten, fast ausgelöscht. Die weigen Überlebenden sperrte man in Reservate. Als man die Büffelherden in Nordamerika ausgerottet hatte, hatte man den Ureinwohnern ihre Nahrungsgrundlage entzogen. Nun war Platz da für die neuen Siedler und ihre Viehherden. Mit dem Bau von Eisenbahnschienen, die sich quer durchs Land zogen, hat man den nordamerikanischen Kontinent erobert. Es begann eine bis heute anhaltende Zerstörung einer einzigartigen Natur. Nur wenige Naturschutzgebiete zeigen noch die unberührte Schönheit des amerikanischen Kontinents. In Kanada, Alaska und wenigen Naturschutzgebieten der USA gibt es noch einige unberührte Gebiete. Aber auch hier ist die Natur bedroht vom Tourismus und von Konzernen, die dort Rohstoffe fördern möchten.

Auch in Südamerika schaut man auf eine lange Tradition der Ausbeutung durch die Kolonialherren zurück. Schon ab dem 16. und 17. Jahrhundert hatten die spanischen Konquistadoren die einheimische indigene Bevölkerung, die Nachfahren der Inkas, Mayas und Azteken, versklavt und zum Glaubensübertritt gezwungen. So hat man nach und nach ihre Kultur zerstört. Außer den Spaniern wurden auch Portugiesen, Holländer, Engländer, Belgier und Deutsche mobil und hielten Ausschau nach neuen Besitzungen in Amerika, Afrika, Asien und Australien. Dabei gingen nicht nur die spanischen Konquistadoren skrupellos gegen die einheimische Bevölkerung vor. Alle seefahrenden Nationen haben die eroberten Länder ausgeraubt und versklavt. Die weltweite Kolonialisierung brachte eine rücksichtslose Zerstörung der Kulturen der kolonialisierten Gebiete mit sich.

Bis heute setzte sich diese Kolonialpolitik durch die Machtausübung wirtschaftsstarker Länder und durch die Apartheitspolitik fort. In Afrika wurde erst mit Präsident Mandela die jahrhundertelange Unterdrückung der schwarzen Mehrheitsbevölkerung beendet. In Kontinenten wie Amerika und Australien wurden die Ureinwohner enteignet und oft in Reservate gesperrt, wo sie entwurzelt immer noch ein Leben ohne Infrastruktur und Bildungsmöglichkeiten fristen. Die indigenen Völker Amerikas und die Aborigines in Australien, die im 19. Jahrhundert wie Tiere behandelt wurden, kämpfen noch heute um Anerkennung und den Schutz ihrer Kultur durch die Regierung. Der Kolonialismus zog eine blutige Spur durch alle Kontinente, die nach und nach von den Europäern erobert wurden.

Kriege begleiteten den Menschen durch alle Jahrhunderte bis heute. Die Gründe Krieg zu führen, waren unterschiedlich. Der Grundstein der Kriege war stets derselbe: Machtstreben, Gier, blinde Zerstörungswut und Menschenverachtung. Keiner hat je von einem Krieg wirklich profitiert, schon gar nicht die betroffenen Länder. Wenn die Menschen nur einen Funken Verstand hätten, würden Sie sich zusammenschließen und alle Waffen und Kriege verbieten. Aber auch heute noch werden Tausende Menschen in sinnlose Kriege geschickt. Kriege, bei denen nur wenige profitieren, viele aber leiden. Kriege, die immer nur weiteres Elend bringen.

Das Morden liegt dem Menschen im Blut. Kriege gab es zu jeder Zeit. Würde man als Außerirdischer die letzten Jahrhunderte auf dieser Erde an sich vorbei ziehen sehen, so würde man denken, die Menschen sind wildgewordene Mordgesellen, deren Vergnügen es ist, sich gegenseitig niederzumetzeln. Mit Kultur hat das wenig zu tun: Alexander der Große, Spartaner, römische Legionen, die barbarischen Kreuzzüge des Glaubens willen, später das große Schlachten im Dreißigjährigen Krieg und die Eroberungszüge Napoleons, der Erste und Zweite Weltkrieg. Das sind nur einige Beispiele aus der Weltgeschichte für die Unvernunft von Kriegen. Das Streben nach Macht brachte immer schon großes Leid bei der Zivilbevölkerung. Das gemeine Volk wurde von den Mächtigen zu jeder Zeit manipuliert und gezwungen, sich schicksalsergeben oder ebenso mordlüstern zum großen Schlachten bereit zu stellen.

Nun müsste man denken, dass Kriege in der heutigen Zeit, nach den schrecklichen Folgen des ersten und zweiten Weltkriegs der Vergangenheit angehören. Aber weit gefehlt. Gleich nach den Weltkriegen hat man wieder aus ideologischen Gründen mit der Aufrüstung in den Machtblöcken von Ost und West begonnen. Nun wäre ein Krieg noch destruktiver geworden. Atomwaffen und chemische Kampfmittel hätten den gesamten Planeten unbewohnbar gemacht. Schon in den achtziger und neunziger Jahren gab es erste Tendenzen zur Abrüstung nach vielen Jahren der gegenseitigen Abschreckung. Es gab Licht am Horizont für alle Menschen, den Teufelskreis der Kriegstreiberei zu durchbrechen. Glasnost und Perestroika brachten Friedensverhandlungen und Hoffnung und haben nicht zuletzt den „Eisernen Vorhang" zwischen West- und Osteuropa geöffnet. Deutschland wurde wiedervereinigt und die Menschen glaubten an den neuen Friedensprozess.

Aber was wäre dann aus der mächtigen Waffenindustrie geworden, aus dem Klüngel von machtbesessenen Welteroberern, die immer noch in den oberen Etagen sitzen? Keine Gewinne mehr aus millionenschweren Waffendeals? Dagegen musste man etwas unternehmen! Und so wurden wieder neue Kriege angezettelt. Gegen die „Achse des Bösen" hat bereits Bush und später sein Sohn in den Fußstapfen des Vaters gekämpft. Das Mittelalter und die Kreuzzüge lassen grüßen. Der Feind sitzt nun im Nahen Osten und zufällig sitzt er auch noch auf sehr viel Erdöl, Erdgas und anderen Ressourcen. Da heißt es rührig sein. Da wird schon ein Grund gefunden Krieg zu führen. Das Leid haben tausende unschuldiger Zivilisten.

„Kollateralschäden" lassen sich wohl nicht vermeiden in der großen Weltpolitik. Und schon wird wieder verdient von der Waffenlobby, den Öl- und Gaskonzernen und allen anderen, die vom Leid anderer Menschen profitieren. Da kam Anfang des neuen Jahrtausends der „arabische Frühling" gerade recht. Wo endete der Versuch der arabischen Länder, sich gegen die Diktatoren aufzulehnen? In furchtbaren von Außenmächten initiierten Kriegen in Libyen und Syrien, die bis heute andauern und Millionen Flüchtlinge zur Folge haben. Die Absetzung des Diktators Gaddafi in Libyen führte dazu, dass im ganzen Land noch heute ein Kriegszustand herrscht. In Ägypten übernahmen die Muslimbrüder nach den ersten Wahlen zunächst das Regime, wurden aber später wieder vom Militär geputscht. Von Frieden und Demokratie kann man in diesen Ländern auch heute noch nicht sprechen. In Syrien eskalierte der Bürgerkrieg dramatisch. Nachdem der IS und Rebellen-Truppen nun wieder vom alten Diktator Assad verdrängt wurden, hat sich für die Menschen nicht viel geändert, außer, dass die Heimat zerstört ist und viele fliehen mussten. Heute ist die Hungersnot in Syrien extrem groß, genauso wie im Jemen, wo die Arabischen Emirate, angeleitet von Saudiarabien, und die vom Iran unterstützten Huthi-Rebellen schon jahrelang einen Stellvertreterkrieg führen.

In Ländern wie Afghanistan, Iran und Irak sind längst noch keine Friedenszeiten in Sicht. Die Menschen hungern und leiden. Hier leben Generationen von Menschen, die nur Krieg und Terror kennen. Auch in Afrika werden schon Kinder zu Kindersoldaten gemacht und die Welt schaut zu. Es entsteht eine traumatisierte Kriegsgeneration, die Hass und Gewalt als normal empfindet. Diesen Menschen wird der Glaube an eine bessere Zukunft und an eine lebenswerte Welt schon früh genommen. Es ist noch nicht abzusehen, was der jahrelange Krieg an der Psyche der betroffenen Menschen anrichtet.

Kriege kosten Geld und machen nur Wenige reich. Die Flüchtlingswellen sorgen für politischen Druck und ein Anwachsen nationalistischen Gedankenguts, besonders im Westen. Das Elend verbleibt im Land und bei den Menschen, die von Kriegshandlungen traumatisiert ihre Heimat verlassen müssen und nirgendwo willkommen sind. Man lässt sie in Lagern einsperren oder auf dem Fluchtweg einfach verhungern oder ertrinken. Hier gibt es kein Mitleid, auch nicht für Kinder. Das Leben in den Flüchtlingscamps und auf der Flucht ist voll mit Gewalt und Hilflosigkeit.

Die Ärmsten haben keine Fürsprecher. Anders als die Waffenlobby haben sie kein Geld. Kaum ein Politiker möchte sich für sie einsetzen oder ihnen helfen. Die Staaten rüsten wieder auf, nicht zuletzt um sich gegen die Flüchtlingswellen aus den armen Ländern abzuschirmen. In der USA und anderen reichen Ländern bewaffnen sich die Bürger, um sich gegen Plünderungen und Einbrüche durch arme Bevölkerungsschichten zu schützen. Die Reichen versuchen sich mit Bodyguards in bewachten Wohngegenden gegen die immer größer werdende Zahl von armen Menschen abzuschirmen.

Selbstvermarktung – der gläserne Bürger

Ganz im Gegensatz zu den vielen Regionen in dieser Welt, wo Hunger herrscht, sind in den westlichen Industrienationen die Regale in den Einkaufsläden und Supermärkten stets gefüllt. Konsumtempel laden zum Verweilen ein und machen das Einkaufen zum Shopping-Erlebnis. Die ganze Familie geht zum Freizeitspaß einkaufen und sucht ganz nebenbei noch die örtlichen Fastfood Restaurants und Vergnügungsstätten auf. Schöne neue Welt. Leider nur für manche. Denn auch in den reichen Ländern gibt es Armut. Gerade Kinder erhöhen das Armutsrisiko. Wer in den vollen Genuss der Wohlstandsgesellschaft kommen will, muss sich in der Leistungsgesellschaft behaupten, möglichst ohne Anhang.

Wohlhabende Bürger geben nur noch einen kleinen Teil ihres Gehalts für Nahrungsmittel aus. Bauern können ohne Subventionen oft gar nicht mehr ihren landwirtschaftlichen Betrieb aufrecht halten. Das meiste Geld fließt in Luxusartikel, moderne Technik und Lifestyle-Produkte. Außerdem ist das Wohnen, vor allem in den Großstädten, immens teuer geworden. Nicht nur die Mieten sind rasant angestiegen, auch die Wohnnebenkosten für Strom, Heizung und Wasser. Gewinn machen Immobilienhaie und Investoren. Für Normalverdiener ist es fast nicht mehr möglich, sich eine Großstadtwohnung zu leisten. Rentner werden ausquartiert.

Die Gewinner unserer Gesellschaft sind jung, beruflich erfolgreich, haben die entsprechende familiäre Unterstützung und einen großen Freundeskreis. Doch auf wen trifft das wirklich zu? Wer lebt in dieser sorgenfreien Welt, die uns die ständig präsente Werbebranche täglich in ihren Werbespots verspricht. „Vom Tellerwäscher zum Millionär." Wer schafft ihn schon, den amerikanischen Traum? Geht nicht die Spirale immer weiter abwärts? Wird man arm geboren, so stehen die Aussichten nicht gut, es im Leben zu etwas zu bringen. Gleiche Chancen und gleiche Bildung für alle gibt es nur auf dem Papier. Ein Kind, das in einem

Armenviertel der Stadt aufwächst hat weniger Chancen, als ein Kind aus wohlhabendem Hause, dem eine Privatschule und eine Eliteuniversität offen stehen.

Nur ein paar hoffnungslos verbohrte Sozialphantasten können ernsthaft noch von einem Bildungssystem für alle reden. Manche bleiben leider schon von Geburt an draußen. Sie wachsen im falschen Viertel auf oder haben die falsche Hautfarbe, die falsche Religion oder sind einfach nur arm. Aber mit Speck fängt man Mäuse. Man redet jedem ein, er könne im Leben alles erreichen und schon hat man wieder seine Mitläufer, die denken fehlende Intelligenz und eine mäßige Bildung durch den Kauf von Lifestyle-Produkten wett machen zu können. Die Medienlandschaft ist voll von Verblödungssendungen und Blogs, die dazu aufrufen, sich einfach dem Schönheitswahn und Konsumwahn hinzugeben. Facebook und Instagram befeuern das Ganze. Der Mensch misst sich daran, wie viele „Likes" er bekommt und wie viele Follower und „Freunde" er hat.

Gerade junge Menschen hängen täglich am Smartphone und viele haben sich schon komplett den Ansagen der dort agierenden Trendsetter verschrieben. Hirnlos werden Messages nachgeplappert oder verteilt. Ein einziger Shitstorm, der täglich auf uns einprasselt. Wissenschaftler haben festgestellt, dass gerade bei vielen Jugendlichen der Medienkonsum ein Suchtpotential enthält und die ständige Erreichbarkeit zu Konzentrations- und Schlafstörungen führt.[11] Es gibt schon heute Menschen, die sich auch Mikrochips implantieren lassen würden, um noch schneller und effizienter digital aktiv sein zu können. Auch die Politik und Wirtschaft haben Interesse daran gefunden, die Daten jedes Bürgers zu speichern und abrufen zu können. Es ist nur noch ein kleiner Schritt zur Komplettüberwachung und zum ferngesteuerten Menschen. Damit man im Internet mithalten kann und damit einem alle Funktionalitäten des Social Webs und alle Enkaufsmöglichkeiten zur Verfügung stehen, lässt man gerne das Ausspionieren der persönlichen Daten zu.

---

[11] https://www.welt.de/gesundheit/article196824853/Smartphone-Nutzung-veraendert-das-Gehirn.html

So manch einer hat auf Anraten von Facebook-Chef Zuckerberg hin, schon jetzt sein ganzes Leben digitalisiert und veröffentlicht. Diese Arglosigkeit erfreut die Manipulatoren aus der Werbewirtschaft. Sie kann sich aber bald in einen Albtraum verwandeln, und spielt vielleicht schon in naher Zukunft neuen Diktatoren in die Hände.

Die Überwachung eines jeden von uns bei Schritt und Tritt hat schon begonnen. Ein Bewegungsprofil wird automatisch erstellt, wenn wir Google-Maps nutzen. Alexa forscht unser Privatleben aus und fast alle öffentlichen Plätze sind kameraüberwacht. Aber man braucht uns gar nicht auszuspionieren. Wir geben ganz freiwillig mehr als genug Informationen über die Sozialen Netzwerke und über unsere Zahlungen per Kreditkarte beim Einkaufen preis. George Orwell[12] hätte es sich nicht besser ausmalen können, wie ein moderner Überwachungsstaat funktionieren kann. Mit unserem Handy hängen wir am Tropf. Wir müssen ja keine Daten eingeben. Aber dann sind wir raus aus dem „Social Web" und haben keine Möglichkeit dazuzugehören. Wir können dann viele Informationen nicht mehr abrufen oder die Vorteile eines elektronischen Zahlungssystems nicht mehr nutzen. Ein Ausbruch aus dieser digitalen Welt ist schwierig. Wir würden zum Außenseiter.

Befreien wir uns selbst aus dem Zwang 24 Stunden am Tag erreichbar zu sein! Blockieren wir die ständigen Werbebotschaften, die uns den Blick für das Wesentliche nehmen! Treten wir wieder in einem persönlichen Kontakt mit unseren Mitmenschen! Kommen wir uns wieder selbst etwas näher! Die anonyme digitale Welt birgt Gefahren. Sie macht uns einsam und lässt uns Werbebotschaften von Influencern Glauben schenken, die nur an ihrem eigenen Profit interessiert sind.

---

[12] https://www.deutschlandfunkkultur.de/70-jahre-1984-george-orwells-dystopie-aktuell-und.976.de.html?dram:article_id=452333

Wenn der Wahnsinn am Steuer steht

Regiert werden die Menschen von Politikern, die vor allem ihre politische Karriere und den Machterhalt ihrer Partei anstreben. Diese wiederum müssen sich, wenn sie an der Macht bleiben wollen, den mächtigen Führungseliten aus Industrie und Finanzwelt beugen. Letztendlich regiert unsere Welt auch heute noch eine Riege alter Männer und weniger Frauen, die es gewohnt sind, selbstherrlich ohne einen Gedanken an zukünftige Generationen zu herrschen. Sie sind miteinander verstrickt in unzähligen Seilschaften und halten sich gegenseitig an der Macht.

Nur wer sich anpasst wird dazu gehören. Die Eliten aus Politik und Wirtschaft rekrutieren ihre Führungskräfte fast immer aus den eigenen Reihen. Menschen mit eigenen, neuen Gedanken und Ideen, kommen als potentielle Umstürzler erst gar nicht in die oberen Führungskreise. Man achtet hier auf konservatives Gedankengut. Bloß alles beim Alten belassen, nur keine Änderungen und schon gar keine Macht nach unten abgeben. Man fühlt sich als elitärer Zirkel und will seinen Reichtum nicht mit dem Pöbel von der Straße teilen.

Da oben bleibt man gepflegt unter sich. Schafft es doch mal ein Andersdenkender oder jemand aus niedriger sozialer Schicht in die erlauchten Kreise, so wird er schnell angepasst oder neutralisiert. Gerade Führungskräfte und Politiker, die selbst aus einfachen Verhältnissen stammen, werden oft zu den größten Gegnern des „einfachen Volkes". Sie verleugnen nicht selten ihre Wurzeln, um dazuzugehören und nicht abgelehnt zu werden. Das ist besonders traurig, da sich so wohl nie etwas an den alten Machtstrukturen ändern wird. Dabei bräuchten wir dringend junge, mutige Menschen egal welcher Herkunft, die sich den Problemen unserer Zeit stellen und neue Lösungswege suchen.

Bedenkt man, dass die meisten Führungskräfte aus den oberen Etagen mehr als 80 Prozent ihrer Arbeitszeit damit verbringen ihren Machtbereich abzusichern und irgendwelche Grabenkriege zu führen, wird man verstehen, dass am Ende nicht viel bei ihrer Arbeit herauskommen kann. So werden Innovationsprozesse nicht beschleunigt, sondern eher blockiert, da jede Innovation immer eine Gefahr für die eigene Position darstellt. Zu kompetente und innovative Mitarbeiter laufen in Gefahr aus den streng hierarchisch geordneten Unternehmen oder Institutionen verdrängt zu werden. Es gilt immer noch das „Peter-Prinzip" von der Hierarchie der Unfähigen. Man wird solange befördert, bis man den Anforderungen nicht mehr gewachsen ist. Entlassen wird hier niemand. Fehlentscheidungen und Günstlingswirtschaft werden intern gedeckt. Ist man dann als Politiker oder Manager komplett überfordert, erhält man immer noch einen gut bezahlten Posten als Berater oder im Aufsichtsrat eines Unternehmens. Die Wirtschaft kauft sich so unter anderem auch ausrangierte Politiker und Gewerkschaftler als Türöffner, um durch sie Einfluss auf Parteien und Regierungen zu nehmen.

Ziel der Führungsriege ist es, schwierige Situationen, die eigentlich nach einem Führungswechsel und nach neuen Ideen verlangen, auszusitzen. Bremsen, statt beschleunigen! Deshalb lässt auch der Einsatz neuer nachhaltiger Verfahren und ressourcenschonender Technik so lange auf sich warten. Oft werden Erfindungen gar nicht erst veröffentlicht und heimlich aufgekauft, damit gewachsene und etablierte Branchen nicht unter Druck geraten. Nur nichts ändern am Status Quo. So wird Geld verdient und man hält sich gegenseitig an der Macht.

Erst wenn es gar keinen anderen Ausweg mehr gibt, werden Änderungen zugelassen. Wenn der Chinese in Peking im Smog keine Atemluft mehr bekommt, dann werden plötzlich Elektroautos gebaut. Wenn Atomkraftwerke in die Luft fliegen, dann werden plötzlich in manchen Ländern die AKWs abgeschaltet. Wenn über Facebook Millionen Seiten Shitstorm verbreitet werden, wird über ein Datenschutzgesetz und ein Verbot von bestimmten Seiten nachgedacht. Alles wird uns dann als komplett innovativ und verbraucherfreundlich verkauft. Es sind aber lediglich Reaktionen auf schon vorhandene Missstände.

Zukünftig wird die Strategie immer nur zu reagieren, statt zu agieren nicht mehr aufgehen. Der Mensch muss voraus denken und seine eigene Zukunft im Blick haben. Leider sitzen an den Hebeln der Macht oft sehr alte Menschen, deren Horizont, nicht viel weiter als zur Pension reicht. Wenn heute Sechzig- und Siebzigjährige die meiste politische Macht tragen, dann sind das Menschen, die selbst nur noch eine überschaubare Zeit leben werden. Sie müssen nicht dafür gerade stehen, wenn sich die Auswirkungen in zehn, zwanzig oder dreißig Jahren zeigen werden. Dann sind sie nicht mehr im Amt und haben sich bereits zur Ruhe gesetzt oder sie sind weggestorben. Da kann man die Zusammenhänge zwischen dem Klimawandel, der Ausbeutung von Rohstoffen und der Überproduktion von Waren fröhlich leugnen. Da macht man sich nicht so viele Gedanken über die Abrodung der Wälder, die Vermüllung der Meere und die Verpestung der Luft. Sollen sich da nur die Jungen dann später damit auseinandersetzen. Jetzt ist man da, um abzuräumen und zu kassieren. Es fühlt sich an, als hätten diese alten Männer (fast immer Männer) den Ausverkauf des Planeten eingeläutet. Sie wollen nicht gestört werden von kritischen Stimmen. Man setzt auf die Verblödung der Massen und dem Gefügigmachen mit Lockangeboten aus der Konsumwelt. Schnäppchenjagd als Zeitvertreib für das gemeine Volk!

Die jungen Günstlinge, die diesen alten Männern in die hohen Posten in Politik, Wirtschaft und Gesellschaft folgen, sind bereits von ihren Vorgängern vorsortiert worden. Sie denken auch nicht an Veränderungen, obwohl sie und ihre Familien schon direkt von den Folgen der Umweltzerstörung betroffen sein werden. Auch Frauen dienen sich hier ein. Mit der richtigen Gesinnung dürfen sie in Sparten der Familienpolitik, der Bildungspolitik oder auch der Agrarpolitik für gute Stimmung und für die Einhaltung von Quoten sorgen. Aber auch die Frauen enttäuschen und bringen keine neuen Vorschläge für eine zukunftsweisende Politik oder gar gesellschaftliche Reformen.

Die von uns gewählten Politiker sind oft nur Strohpuppen. Die Strippen ziehen im Hintergrund ganz andere, die viel mächtiger sind. Darauf musste sich so mancher ambitionierte Jungpolitiker schon früh einstellen. Kritische, innovative Geister kommen erst gar nicht an die Macht oder werden ausgebremst. Die Macht geht also nicht vom Volke aus, wie man es uns glauben machen will. Die Macht liegt bei den Eliten aus der Wirtschafts- und Finanzwelt. Eben diese welche uns, dem Volk nichts davon abgeben wollen. Und da hilft es auch nicht, wenn noch so wohlwollende, sozial freundliche Zielsetzungen im Parteibuch der Politiker stehen, denn die Wirklichkeit sieht ganz anders aus.

Es fehlen mutige Menschen, die unsere verkalkten Politikstrukturen und Beamtenapparate auflösen. Visionäre mit Sinn für nachhaltiges Wirtschaften und Umweltschutz. Unsere Wirtschaft muss neu ausgerichtet werden und neue Werte, wie ökologische Bewusstsein und Menschlichkeit setzen. Es müssen Start-Ups gegründet werden, die nach und nach die alten bleischweren Konzernstrukturen mit dem Hang zur Ausbeutung von Ressourcen und dem nicht enden wollenden Wachstumsgedanken ablösen. Es sind Innovationen und eine neue Bescheidenheit gefragt. Wir alle auf diesem Planeten wollen überleben.

Auch viele Grundgesetze von Ländern haben gute Ansätze. Aber wo ist sie denn, die proklamierte Meinungsfreiheit? Wo gibt es die Chancengleichheit und die Toleranz gegenüber Anders-denkenden? Sicher nicht da oben in den Führungsetagen. Es muss sich etwas ändern am Machtgefüge dieser Welt. Wenn wir weiterhin machtbesessenen, religiös und politisch fanatischen Menschen die Macht überlassen. So können wir den Planet Erde nicht retten.

Noch heute bedrohen sich große Nationen mit Atomwaffen. Das ist komplett absurd. Jetzt, da wir alle Hände voll zu tun haben unsere Umwelt zu retten und die Zukunft für so viele Menschen zu sichern, bedrohen wir uns gegenseitig mit Waffen zur Massenvernichtung. Dies sollte eigentlich für jeden denkenden Menschen eine Idiotie sein. Aber die Mächtigen profitieren hier von jahrhundertelang genährten Ängsten gegen andere Kulturen und Religionen.

Es wurden in der Geschichte der Menschheit große Gräben gezogen zwischen Christen, Muslimen, Hinduisten, Buddhisten und Andersgläubigen. Man hat die Religionen dazu benutzt Religionskriege zu führen, die Millionen von Menschen das Leben kosteten. Auch heute noch wird gerne mal der „Heilige Krieg" ausgerufen, wenn es darum geht seinen eigenen Machtbereich zu erweitern. Es wird die Angst des Menschen vor dem Andersartigen genutzt um Hass zu erzeugen. Und da ist sie wieder: die Angst des weißen Mannes vor dem schwarzen Mann, die Angst, dass der Planet von Millionen Asiaten überschwemmt wird oder die Angst der Christen vor den Muslimen.

Jahrelang wurde die westlich kapitalistisch ausgerichtete Welt gegen die östliche sozialistische Gesellschaft der Sowjetunion ausgespielt. Ab den 80er Jahren änderte sich vieles zum Positiven. Glasnost und Perestroika haben die Grenzen zwischen den Machtblöcken in Ost und West aufgeweicht. Mauern wurden niedergerissen, die Menschen kamen wieder zusammen. Auch China öffnete für das Mitspielen auf den globalen Märkten die Grenzen.

Wer miteinander Geschäfte macht und sich gegenseitig besucht, braucht eigentlich keine abschreckenden Waffen mehr. Die Atomwaffensysteme und ein stark aufgerüstetes Militär wurden in den 90er Jahren im Zuge der Friedensprozesse und Handelsfreiheiten überflüssig. Demokratische Prozesse wurden weltweit angestoßen. Sehr zum Leidwesen der Waffenlobby. Die hat schon immer am Krieg und am Leid der Menschen verdient. Immer intelligentere und zerstörerische Waffensysteme wurden gebaut. Nun drohte ein weltweiter Friedensprozess die ganzen schönen Geschäfte zu verhindern.

Da musste man gegensteuern und machte Druck bei den politischen Machthabern. Irgendein Grund lässt sich schon finden, für den man nachhaltig aufrüsten muss. Man kann sicher sein, man findet viele Gründe im langen Mistrauen der Völker zueinander und bei religiösen Fanatikern. So werden neue Kriege entfacht, zum Beispiel in der arabischen Welt. Man beschuldigt die dort herrschenden Machthaber, die man vorher aus dem Westen militärisch aufgerüstet hat, eine Verschwörung gegen den Westen zu betreiben und Atomwaffen zu produzieren. Und schon hat man wieder ein ideales Kampfszenario, das über viele Jahrzehnte die Menschen in den betroffenen arabischen Staaten in Hunger und Elend stürzt. Das kostet Hunderttausenden das Leben, aber die Waffenhändler werden reich dabei. Es wird wieder satt verdient. Da werden wahlweise sogenannte Rebellen aber auch die alten Machthaber vom Westen oder von Russland, der Türkei, Saudiarabien und anderen Staaten unterstützt. Volksgruppen werden gegeneinander aufgehetzt und in der Presse wird je nach Land einschlägig berichtet. Da kämpfen Schiiten gegen Sunniten, da versuchen Kurden ein eigenes Gebiet zu sichern und zwischendrin kämpft der IS für einen totalitären islamischen Staat.

Nun sollte man meinen, dass sich der Westen für Menschenrechte und Bürgerwohl in den Kriegsländern stark macht und dass er Demokratie und Gleichberechtigung fördert. Aber weit gefehlt. Der Westen kämpft wie alle anderen kriegstreibenden Staaten vor allem um den eigenen Einfluss in den Kriegsgebieten, wo es nicht zuletzt um Erdöl und andere Ressourcen geht. Auch die europäischen Politiker schielen hier auf ihre Waffenproduktion, die Geld ins Land bringen und Arbeitsplätze sichern soll. In der USA sind die milliardenschweren Waffengeschäfte von nationaler Bedeutung. Auf die Idee, dass man mit den Milliarden und den Ressourcen an Arbeitskräften auch sinnvollere Dinge als Waffen produzieren könnte, kommt anscheinend niemand.

Dass es heute im „aufgeklärten" 21. Jahrhundert noch immer so viele Kriege gibt, ist meist nicht nur die Schuld der betroffenen Länder. Es ist die Schuld einer starken Waffenlobby, die die politisch Mächtigen korrumpiert und zu Kriegen animiert. In dem Wahn, dass einem das Recht des Stärkeren zufällt oder gar, dass wir den betroffenen Ländern damit Freiheit und Demokratie bescheren, maßen wir es uns an, unsere Soldaten weltweit auszusenden und Krieg zu führen. Die UN-Friedenstruppen sollen für den Schutz der Zivilbevölkerung und für Frieden sorgen. Sie sind aber leider oft nur eine Marionette in der Hand der Mächtigen und haben wenig Einfluss auf die Kriegshandlungen, wie wir zum Beispiel beim Krieg in Jugoslawien und in Ruanda sehen konnten. Es kam trotz Anwesenheit dieser Truppen zu Massakern, bei der Tausende Zivilisten getötet wurden. Würden wir nicht die ganze Welt mit Waffen beliefern, so bräuchten wir auch weniger UN-Truppen zu entsenden, die dann die Zivilbevölkerung schützen sollen.

Es wird uns in der westlichen Welt gerne von den Politikern vermittelt, wir hätten zumindest im eigenen Land alles im Griff. Tatsächlich haben wir nichts unter Kontrolle. Das zeigen uns Terrorakte, wie der am

11. September mit der Zerstörung des World Trade Centers in New York und viele Terrorakte weltweit. Gegen übergeschnappte Diktatoren, militante Terrorgruppen und Alleintäter sind wir machtlos. Da hilft die stärkste Armee nichts. Eines dürfen wir nicht vergessen: eine Armee ist nie völlig defensiv zur Landesverteidigung da. Es sind immer auch Möglichkeiten, dass die vorhandenen Kampfmittel auch offensiv eingesetzt werden können. Es gibt keine guten und keine bösen Krieger. Es gibt nur viel Elend und Leid, gerade bei den Zivilisten.

Und was das schönste an all den Kriegsspielchen ist: die Zeche zahlen wir, die steuerzahlenden Bürger. Und wenn dann eine Familie Bush, deren Wahlkampf hauptsächlich von Großindustrie, Ölmagnaten und den Waffenlobbyisten bezahlt wurde, nicht nur einmal sondern gleich zweimal gegen die „Achse des Bösen" in den Heiligen Krieg zieht, dann müssen wir eben jahrzehntelang die Kosten tragen. Viele Menschenopfer, die Umweltverschmutzung durch brennende Ölfelder und die Vernichtung von Kulturgütern werden einfach in Kauf genommen.

Solche Kriege müssen zukünftig geächtet werden. Jedes Land hat ein Recht auf Frieden und Machtinteressen müssen dem Interesse der Bevölkerung auf ein friedliches Zusammenleben weichen. Wie uns der Krieg im Irak, im Iran und in Afghanistan gezeigt hat, sind die Folgekosten der Kriege noch höher als die Kosten für den Kriegseinsatz selbst. Vom Leid der betroffenen Menschen wollen wir dabei gar nicht sprechen. Hier wachsen kriegstraumatisierte Generationen heran, die mit ihrem Leben für den Reichtum und den Kriegsgewinn einiger Weniger bezahlen. Es ist auch sehr fraglich, warum die USA ausgerechnet gegen Diktatoren wie Saddam Hussein und gegen den Terroristenführer Osama Ben Laden vorging. Der CIA hatte sie selbst anfangs mit Waffen unterstützt, um gegen andere Länder wie den Iran oder die russische Besatzung in Afghanistan zu kämpfen. So hat die Waffenlobby doppelt verdient. Da klingelt es in der Kasse der Kriegstreiber. Und jetzt sind sie wieder fleißig daran weiter hochzurüsten: Libyen, Mali, Sudan, Syrien, Ukraine, …. Da findet sich immer ein neuer Feind. Glasnost und Perestroika sind vorbei. Nun sind wieder die Hardliner am Ruder.

Frieden schaffen ohne Waffen

Das Verrückte ist: Keiner will Krieg. Jeder möchte in Frieden leben. Wieso kommt es dennoch weltweit ständig zu Kriegshandlungen? Ich stelle einfach mal die These auf: Es geht hier nicht um Demokratie und Menschenrechte, es geht einfach nur um Macht und Geld. Kein Volk hat bisher von Kriegen profitiert, wenn dieser Krieg im eigenen Land stattgefunden hat. Aber es gibt ja die vielen Stellvertreterkriege. Weit weg vom heimischen Herd denkt man, könne man seine Armee mal aufmarschieren lassen. Flugzeugträger und Marschflugkörper sind geradezu dafür gemacht, den Krieg möglichst weit weg anzuzetteln. Noch listiger: Man schickt Drohnen und feuert tausende Kilometer entfernt auf Menschen. Das ist nicht Science Fiction, das ist Wirklichkeit und alle Waffen die man hat, kommen irgendwann auch mal zum Einsatz.

Die Menschheit wird bedroht von Katastrophenszenarien, die sie nicht beeinflussen kann. Dazu gehören Gefahren, wie Meteoriteneinschläge, Vulkanausbrüche, Erdbeben oder Sturmfluten und Tsunamis. Das sind schreckliche Gefahren, ebenso wie die Gefahr, dass durch das Schmelzen der Gletscher der Meeresspiegel steigt und viele Länder und Regionen überflutet werden können. Riesige Waldbrände und Buschbrände haben bereits tausende Hektar Wald zerstört. Der Permafrostboden in der Tundra fängt an zu tauen und es kann zu schrecklichen Umweltfolgen durch das Austreten von Methangasen kommt. Wir sind schon mittendrin im Klimawandel durch die Erderwärmung in den letzten Jahrzehnten. Die Menschen hätten nun alle Hände voll zu tun hier gegenzusteuern. Stattdessen werden weiterhin Milliarden Dollars und Euros in die Herstellung von Waffen investiert. Atomwaffen, chemische und biologische Kampfmittel sind die abscheulichste Art sich zu bekriegen. Ganze Landstriche werden auslöscht und unbewohnbar gemacht. In der heutigen Zeit, wo wir akut von lebensbedrohlichen Umweltkatastrophen betroffen sind, gibt es wohl keinen größeren Irrsinn, als Teile unseres Planeten selbst zu zerstören. Hiroshima, Nagasaki und später

Tschernobyl und Fukushima zeigen uns, dass es in den radioaktiv verseuchten Gebieten keine Möglichkeit mehr gibt, zu leben und Ackerbau und Viehzucht zu betreiben. Die verseuchte Erde ist über Jahrhunderte hinweg nicht mehr nutzbar oder vielleicht auch für immer verloren.

Der Mensch schafft sich selbst ab, wenn er Atomwaffen zum Einsatz bringt oder leichtfertig mit Atomenergie umgeht. Da gibt es auch kein Zurück mehr. Wenn einmal ein Atomkrieg ausbricht, ist die ganze Erde von den Auswirkungen betroffen. Wieso glauben die Superreichen immer noch es gebe Gebiete auf dem Planeten, in die sie sich mit ihren Millionen und Milliarden auf dem Konto zurückziehen und weiterhin in Saus und Braus leben können? Wenn sich eine große Atomkatastrophe aufgrund eines Krieges oder eines großen Atomunfalls ereignet, dann sind alle Menschen davon betroffen. Auf die Länder, die vielleicht verschont geblieben sind, kommen Millionen von Flüchtlingen zu, die dann in ihrer Heimat nicht mehr leben können. Auch chemische und biologische Waffen können zur Ausrottung der Menschheit eingesetzt werden, was eine ebenso verheerende Wirkung für ganze Kontinente hätte. Was für ein Irrsinn!

Bislang wollen uns die Politiker einreden, die Rüstingsindustrie sei für unsere westichen Nationen sehr wichtig, da viele Arbeitsplätze von ihr abhängen. Immer wieder werden auch von friedliebend anmutenden Regierungen der Panzerbau, der U-Bootbau und der Kampfjetbau durchgewunken und unterstützt. Man täuscht vor, es würden keine Waffen in Krisengebiete verkauft werden. Jeder weiß aber, dass die Waffen über Drittländer in die neuen Kriegsgebiete gelangen. Der leidenden Zivilbevölkerung kann es egal sein, woher die Waffen und Bomben stammen, die ihre Häuser zerstören und ihnen die Lebensgrundlage nehmen.

Es sind Länder im Nahen Osten, die sich mit ihren Gewinnen von der Ölförderung alles kaufen. Sie kaufen Waffen und bedrohen andere Staaten und Religionsgemeinschaften. Wo ist der westliche Politiker, der sich für Frauenrechte in Saudiarabien einsetzt? Da wird nach Ölressourcen und guten Waffengeschäften geschielt. Da sind Waffen salonfähig. Verzichten wir als aufgeklärte Nation doch einfach auf

Waffenexporte. Der Preis für die damit geschaffenen Arbeitsplätze ist zu hoch. Warum müssen denn so viele arbeitslos werden ohne einer florierenden Rüstungsindustrie? Produzieren wir einfach vernünftige Dinge!

Nur weil es seit Jahrhunderten immer Krieg gab, muss das nicht ewig so weiter gehen. Die Menschen können mit Diplomatie den Teufelskreis durchbrechen. Es muss ein Konsens in der Politik gefunden werden und ein Plan entstehen, welche überlebenswichtigen Aufgaben von den Wissenschaftlern und Technikern übernommen werden können. Jetzt wird noch krampfhaft an Waffensystemen gefeilt, die ganze Länder und Erdteile dem Boden gleich machen können. Das ist alles andere als vernünftig. Die Menschheit wird in den nächsten Jahren um ihr Überleben kämpfen. Alle Kräfte müssen gebündelt werden, um die Katastrophen und Risiken vom Klimawandel in den Griff zu bekommen. Ein welweiter Verzicht auf Waffen setzt voraus, dass sich die Menschheit endlich darauf verständigt, die bereits bestehenden Waffensysteme abzuschaffen und konkrete Abrüstungsziele erarbeitet. Dahin ist ein langer Weg. Zuvor müssten die Menschen sich wieder gegenseitig vertrauen und zugunsten eines weltweiten Friedens auf nationalistische Ziele verzichten.

Ein welweit anerkannter Ethikrat könnte dann die Produktion und den Verkauf von Waffen untersagen. Wir sehen selbst, wie absurd uns nach jahrhundertelanger Kriegsführung die Idee vorkommt, die Menschheit könnte friedlich zusammen leben. Vielleicht muss vorher eine weltweite Bedrohung die Menschen zu der Einsicht zwingen, dass sie ihre Kräfte bei der Entwicklung von Waffen zur gegenseitigen Vernichtung falsch einsetzt. Nur weil es in der Geschichte der Menschheit schon immer Kriege gab, muss das nicht so weiter gehen. Es könnte letztendlich das Ende der Menschheit bedeuten, wenn die Vöker nicht Vernunft annehmen und friedliche Formen des Zusammenlebens finden.

Am Export von Waffen werden Milliarden verdient. Es ist ein „Bombengeschäft" für die waffenproduzierenden Unternehmen und für manche Länder. Das Geld, das gespart werden würde, wenn weniger

Kriegsgeräte und Waffen produziert werden, ist immens. Damit könnten alle notwenigen Entwicklungen für fortschrittliche Energien und für eine ökologische Landwirtschaft und Nahrungsmittelindustrie bezahlt werden. So ist das Geld viel besser investiert und es werden genauso viele Arbeitsplätze wieder geschaffen, wie die, die in der Waffenindustrie verloren gehen. Die Politiker müssen vom Volk selbst dazu gebracht werden, die nötigen Gesetze zu verabschieden.

Die Herstellung von Waffen muss stark eingeschränkt werden, gleich ob diese für die eigene Armee oder für den Export bestimmt sind. Der Export von Waffen in Staaten, die direkt oder indirekt diese Waffen in Kriegsgebieten zum Einsatz bringen muss sofort verboten werden. Die Herstellung von Waffen zur Landesverteidigung darf nur in sehr eingeschränkter Form genehmigt werden. Momentan ist die USA der größte Waffenexporteur.[13] Danach folgen Russland, China, Frankreich und Deutschland. Die größten Waffenimporteure sind Indien, Saudiarabien, China und Australien. [14] Sie alle sollten ihre Waffengeschäfte drosseln. Der Irrsinn der Wettrüstung und der gegenseitigen Bedrohung muss aufhören.

Die zur Verfügung stehenden Geldmittel sollten dringend für vernünftige Zukunftsprojekte bereit gestellt werden. Die Herstellung von biologischen und chemischen Kampfmitteln ist komplett zu untersagen. Auch atomare Waffen haben ein Potential, das eine unvorstellbare Vernichtung ganzer Teile unseres Planeten zur Folge haben könnte. Wenn man sich solche Waffen in den Händen von Despoten vorstellt, die keine Skrupel haben, sie einzusetzen, erkennen wir die Bedrohung für uns alle. Starten wir eine Friedensbewegung, die sich weltweit von Mensch zu Mensch verbreitet und die keinen Raum mehr lässt für Feindseligkeiten. Vernetzen wir uns als Menschen und arbeiten wir zusammen an einer besseren Welt!

---

[13] https://www.tagesschau.de/ausland/sipri-waffenexporte-101.html
[14] https://de.statista.com/infografik/21602/laender-mit-den-meisten-waffenimporten/

Schneller, höher, weiter

Was steckt hinter dieser ganzen Kriegstreiberei, hinter den krassen Unterschieden zwischen Arm und Reich, der Aufteilung der Menschheit in Gewinner und Verlierer? Was ist die Ursache der erschreckenden Armut in der Welt und des unglaublichen Reichtums von Wenigen? Schuld ist der in der Wirtschaftswelt vorherrschende Neokapitalismus. Es gibt gerade in den westlichen Ländern radikale Verfechter der freien Kräfte der Märkte. Blauäugig folgt man der Theorie, dass sich die Märkte ohne dem Eingreifen des Staates selbst regulieren. Soziale Errungenschaften der Wohlfahrtspolitik werden nach und nach abgeschafft. Die angestrebte 35-Stunden Woche für Arbeiter und Angestellte wurde schnell wieder in eine 40-Stunden Woche verwandelt. Das Rentenalter wird immer weiter erhöht. Milliarden von Überstunden müssen von der Arbeitnehmerschaft umsonst geleistet werden. Und dabei sprechen wir hier von den „vorbildlichen" Arbeitsverhältnissen der Wohlfahrtsstaaten, von den sklavenähnlichen Arbeitsverhältnissen in der dritten Welt wollen wir erst gar nicht reden.

Da gibt es lange Gesichter auf Seiten liberaler und konservativer Politiker, wenn man von einem Mindestlohn spricht. Soziale Verantwortung wird ungern übernommen von Seiten derer, die es sich leisten könnten. Für die Armen sind der Staat und Hilfsorganisationen zuständig. Nur, wer ist der Staat, wer zahlt die meisten Steuern? Richtig. Das sind wir, die Arbeitnehmer. Auch die Kirche sammelt lieber bei denen, die wenig haben, denn sie spenden mehr als die, die schon alles haben oder die Kirche selbst, die ihr Geld lieber auf der Vatikanbank bunkert.

So wundern wir uns oft am Ende des Lebens, dass wir es durch harte Arbeit und mit einem Durchschnittslohn nie geschafft haben, ein sorgenfreies Leben zu führen. Selbst der Ruheabend gestaltet sich nicht ganz so ruhig wie erhofft. Während der ein oder andere schon früher durch Krankheiten und Unfälle dahingerafft wird, sieht die Zukunft im Alter für die, die überleben, auch nicht sehr ermutigend aus. In den meisten Fällen bleiben ein oder zwei Jahrzehnte übrig, die man im sogenannten Ruhestand noch selbstständig verbringen kann. Danach winken für viele die sogenannten Seniorenheime, in denen nach Abrechnungsstatuten der Pflegekassen gepflegt wird.

Pflege erfolgt im Akkord, ohne zwischenmenschliche Nähe. Die Senioren fristen ein einsames Dasein, da Angehörige und Verwandte oft kilometerweit entfernt wohnen oder keine Zeit haben. Manche werden auch in unserer lauten Spaßgesellschaft schlicht vergessen. Die Zeiten, wo man im Kreise der Familie alt werden und sterben konnte sind vor allem in den reichen Industrienationen vorbei. Solange man jung ist, hat man zu funktionieren und zu arbeiten. Wenn man alt ist, wird man in die ambulante oder stationäre Pflege abgeschoben. Zu horrenden Preisen lässt sich die Altenindustrie ihre Dienste am Menschen entlohnen: Waschen, füttern und ruhig stellen im Minutentakt. Wer hier noch lange lebt ist selbst schuld.

Den Verwandten kostet ein Pflegeheim oder die ambulante Pflege ein Vermögen, wenn sie sich das überhaupt leisten können. Die Gelder der Pflegekasse reichen bei weitem nicht für die Unkosten aus. Die Aktionäre der oft privaten Altenheime und Pflegedienste wollen schließlich satte Gewinne einfahren. Vielleicht sind die großen oft gemeinnützigen Träger der vielen Altenheime gar nicht so gemeinnützig, wie sie das vorgeben! Viele alte Menschen werden in den Heimen vernachlässigt, schlecht gepflegt und bekommen teilweise zu wenig zu Trinken und zu Essen. Weil das Füttern zu lange dauert, werden die alten Menschen oft per Nasensonden ernährt.[15] Sie liegen sich wund, da keine Zeit ist, bettlägerige Patienten ordentlich zu behandeln. Mit ihren Nöten, Sorgen und Ängsten werden sie alleine gelassen, denn für Gespräche oder menschliche Wärme zahlt keine Pflegekasse. Gepflegt wird nach Akkord in vorgegebenen Minutensätzen. Wer mehr für die Alten tut, verdient nichts.

---

[15] https://www.focus.de/gesundheit/arzt-klinik/tid-32153/waldi-fiffi-und-opi-pflege-misstaende-in-deutschland-angeprangert-gute-pflegeheime-gibt-es-nicht_aid_1031825.html

So sitzen die Alten in herrlichen Immobilienanlagen in bester Lage, obwohl sie selbst nicht mal mehr aus dem Bett kommen und in kleinen Räumen oder Mehrbettzimmern dahin vegetieren. Eine gute Immobilienanlage für die gemeinnützigen Träger der Senioreneinrichtungen. Mit etwas Glück kommt ja einmal im Monat ein Ehrenamtlicher vorbei und bringt die alten Heimbewohner nach draußen ins Freie. Aber vielleicht hat man ja bis dahin jedem Bürger erlaubt, der in Würde sterben möchte, sich selbst das Leben zu nehmen. Dann müssen wir mit unserer Rente und unserem Pflegegeld wenigstens nicht die angeblich gemeinnützigen Träger der Seniorenheime finanzieren und sind ihnen nicht rechtlos ausgeliefert, ohne Mitspracherecht und mit einem kleinen Taschengeld im Monat.

In unseren Krankenhäusern sieht es nicht viel besser aus als auf den Pflegestationen der Altenheime. Das überlastete Personal kann sich nicht mehr um den einzelnen Kranken persönlich kümmern. Viele werden abgefertigt und schnellstmöglich wieder nach Hause oder zurück ins Pflegeheim geschickt. Auch Ärzte und Pfleger stoßen bei erzwungenen Überstunden und Zusatzschichten oft an ihre Belastungsgrenzen. Die Bürokratie beansprucht einen großen Teil der Arbeitskapazität in den Krankenhäusern. So bleibt immer weniger Zeit für die Patienten.

Der normale Arbeitnehmer hat sich also umsonst lebenslang dafür krumm gemacht, um später mal eine gute Pflege zu bekommen und vielleicht sogar im eigenen Häuschen sterben zu können. Damit die Erben nicht ganz leer ausgehen, verschickt man alte Menschen inzwischen zur Pflege ins Ausland oder versucht hier vor Ort bezahlbare Pfleger aus dem Ausland zu finden. So kann man nicht nur Geld sparen. Viele versuchen auch dem Pflegenottand und der menschlichen Kälte in Deutschland zu entkommen. Ob das die Lösung des Problems darstellt ist fraglich. Ähnlich wie unseren Müll sollten wir auch unsere älteren, pflegebedürftigen Mitmenschen nicht im Ausland entsorgen. Es müsste doch möglich sein, dass man in einem wohlhabenden Land wie unserem, eine altengerechte Pflege organisiert.

Das ist dann das Ende vom „Höher, schneller, weiter"-Denken, bei dem wir lebenslang versucht haben mitzuhalten. Und wer hat uns dieses Ziel überhaupt gesetzt? Waren wir das selbst, oder haben uns hier die Werbebotschafter einer rücksichtslosen Konsumgesellschaft verführt. Warum hat uns keiner gesagt: „Es ist genug!" „Ruh dich mal aus!" „Nimm Dir Zeit für dich und deine Familie!" Das wäre die wahre Revolution im Kleinen. Nicht die Anarchie wird angestrebt, sondern eine Mitbestimmung im System der Macht, eine Verbesserung der Arbeitszeiten und des Umgangs miteinander, der große Folgen hat. Jeder sollte seine Grenzen kennen und wissen, wann er genug hat. Wir sollten trotz allen Eifers und Karrieredenken uns selbst und unsere Umwelt nicht außer Acht lassen. Wir sind nicht hungrig, wir sind satt. Wir können etwas abgeben und später, wenn wir alt und bedürftig sind wieder etwas bekommen. Das klingt fast revolutionär in einer Welt, die nur von gegenseitiger Ausbeutung und sinnloser Gier bestimmt wird.

Wir sind dann nicht mehr anfällig für schräge Werbebotschaften, die uns sagen, wir müssen mit siebzig noch den Körper und das faltenfreie Gesicht einer Zwanzigjährigen haben. Wir müssen uns dann nicht mehr am Beginn jeder neuen Saison in die aktuelle Modekollektion quetschen, in die unsere überfütterten Körper gar nicht passen. Wir müssten den Riesen-Van nicht als Familienkutsche kaufen oder den superschnellen Sportwagen zum Aufpolieren des Images und uns für die nächsten Jahrzehnte verschulden. Denn irgendwann ist auch das nicht mehr hip genug und dann müssen wir genug in der Tasche haben um uns ein selbststeuerndes Fahrgerät oder ein Flugtaxi leisten zu können. Öffentliche Verkehrsmittel, damit fahren doch nur die Underdogs und Verlierer. Der schnittige Erfolgsmensch fährt nach wie vor Mercedes, Porsche oder einen aufgestylten Supervan.

Schöne neue Welt. Wir konsumieren uns zu Tode. Nicht nur die Mode und die Luxusartikel bestimmen unsere Ausgaben, auch das unmäßige Essen hat nicht mehr viel mit Genuss zu tun. Damit jeder Unmengen Billigfleisch in sich rein stopfen kann, müssen die Schlachttiere in engen Mastanstalten mit billigem Futter und Antibiotika in kürzester Zeit gemästet werden. Küken, die das falsche Geschlecht haben werden gleich geschreddert. Der Mensch als Krönung der Schöpfung verhält sich skrupellos und mitleidlos den Tieren gegenüber. Auch die Tiere, die noch in Freiheit leben, werden gejagt und ihr Lebensraum ist durch Abholzung und Umweltverschmutzung bedroht. Nur weiter so. Erst sterben die Tiere, dann stirbt der Mensch.

Wie dumm ist die Gier! Wie dreist sind die Vertreter der landwirtschaftlichen Großbetriebe und des Bauernverbands! Und wie korrupt ist die Politik, die hier keine klaren Regeln vorgibt. Man setzt auf Freiwilligkeit und die aufsichtshabenden Veterinärämter, sehen sich nicht im Stande das millionenfache Tierleid einzudämmen. Noch immer sind es viel zu wenige Verbraucher, die sich gegen die Missstände auflehnen. Bioprodukte sind noch immer teuer und schwer erhältlich. Eine „Rettet die Bienen"- Aktion bekam zwar viele Unterschriften, aber ändern tut sich nicht viel. Ackerflächen werden zu Monokulturen umgewandelt und mit Giftstoffen bespritzt. Wiesen fallen weg und werden oft genug zu Bauland oder für Parkplätze und Straßen zubetoniert. Ein Großteil unserer Nahrungsmittel wird nicht umweltbewusst regional angebaut, sondern kommt aus dem Ausland, wo die Schutzgesetze noch schlechter sind als bei uns.

Wenn wir dann die mit Antibiotika, Chemie und Pestiziden getränkten Nahrungsmittel essen, ist das wieder gut für eine florierende Pharmaindustrie und für unsere Ärzteschaft. Da kommt Geld in die Kasse. Viel zu viele Menschen leiden unter Fettleibigkeit, Diabetes, Rückenproblemen und zu hohem Blutdruck, um nur einige Krankheitsbilder zu nennen, die sich beim modernen Menschen inflationär ausgebreitet haben. Jetzt kommt die Krankenindustrie zu ihrem Anteil. Die meisten Krankenhäuser sind inzwischen privatisiert und arbeiten nach Vorgaben der Aktionäre unter hohem Kostendruck. Man fordert Kostenminimierung für Pflegepersonal und Ärzteschaft, damit Millioneninvestitionen in Immobilien und in moderne Geräte getätigt werden können. Außerdem wollen die Aktionäre Gewinnausschüttungen haben. Patienten werden im schnellen Arbeitstakt untersucht, operiert und dann baldmöglichst den Angehörigen zur Pflege nach Hause geschickt.

Die Fallpauschalen müssen schließlich eingehalten werden. Nach einem kurzen Aufenthalt im Krankenhaus sollen sich REHA-Stationen, Pflegedienste und die Angehörigen um die Patienten kümmern. Zu Hause angekommen verdienen Apotheken im Auftrag der Pharmaindustrie mit völlig überteuerten Medikamenten weiter. Der mobile Pflegedienst betreut Menschen im Minutentakt. Jedes kleinste Detail muss dokumentiert werden. Da kommt bei all dem Stress und bei aller Rationalisierung der Pflege vor allem die Menschlichkeit zu kurz. Aber für ein gutes Gespräch oder für etwas Mitgefühl gibt es ja keine Pauschale.

So erweisen sich unsere selbst gesetzten Ziele nach immer Mehr als Fluch für unser gesamtes Leben. Zum Leben selbst bleibt wenig Zeit. Der Konsum überlagert alles. Doch der übermäßige Konsum tut uns nicht gut. Weder dem Körper, noch der Seele. Er macht uns krank und unglücklich. Am Ende bleibt nichts übrig. Nur unerfüllte Träume und jede Menge Einsamkeit.

Längst haben wir erkannt, dass Konsum ohne Maßhalten nicht glücklich macht. Wir als Menschen brauchen die anderen Menschen. Wir wollen mit ihnen unsere Sehnsüchte, unsere Hoffnungen und auch unser Leben teilen. Wir haben ein gutes Gefühl, wenn wir uns als soziales Wesen geben, das nicht nur für sich selbst sorgt, sondern auch für andere. Schenken macht glücklich. Wie nutzlos und freudlos erscheint es uns, wenn Menschen, die alles im Überfluss haben, nicht in der Lage sind, von ihrem Reichtum abzugeben. Wie wenig Freude bringt ein Erfolg, wenn wir nicht mit anderen teilen können. Der Mensch sehnt sich danach, anerkannt und geliebt zu werden. Da mühen sich Menschen ein Leben lang ab und am Ende müssen sie doch feststellen, dass das „letzte Hemd keine Taschen hat". Am Ende bleibt die Erkenntnis, dass das Einzige, für das es sich zu leben lohnt, die wenigen Momente von Freundschaft, Liebe und Glück waren, die ihnen im Leben geblieben sind. Die Momente in denen sie sich Zeit nahmen für sich und ihre Mitmenschen.

Die neuen Medien wollen uns glauben lassen, dass man erfolgreich und glücklich ist, wenn man sich und sein Leben ständig postet. Am besten sollte man alles Private komplett öffentlich machen. Viele sogenannte „Influencer" der neuen Medien vermitteln den Eindruck, dass das Leben zum Selbstdarstellen und zum Platzieren von Produkten bestimmt ist. Schnell muss man immer den neuesten Modetrend hinterhereilen und alles tun, um dazu zu gehören. Da überrascht es nicht, wenn am Ende leere, ausgebrannte Hüllen übrig bleiben.

Wie langweilig muss das eigene Leben sein, wenn man Influencer, Stars und Sternchen und ihre Eskapaden interessant findet. Wie niedrig muss der Intellekt sein um den neuen Werbeikonen und ihren hirnlosen Botschaften zu folgen. Hier wird den jungen Menschen vorgemacht, dass sie nur mit der neuesten Handtasche oder dem brandneuen Markenoutfit anerkannt werden. Junge Menschen sehnen sich nach Schönheitsoperationen und Botox-Partys. Sie überschminken ihr jugendliches Gesicht mit grellen Farben: alles nur Masken, leere Fassaden. Die Menschen leiden nicht, weil sie zu hässlich oder zu alt sind. Die meisten Menschen leiden, weil sie einsam sind.

Aber es werden immer mehr, die nicht mehr mitmachen wollen, die in sich kehren und nach den wesentlichen Dingen im Leben suchen: das Wandern in der Natur, Zelten wie früher oder andere Gemeinschaftserlebnisse. Dieser Trend ist sowohl bei jüngeren, als auch bei älteren Menschen festzustellen. Natürlich wird jeder Mensch irgendwann alt, vielleicht auch krank. Wir alle müssen sterben. Aber es ist leichter, wenn man auf ein erlebnisreiches, erfülltes Leben zurückschauen kann. Materielle Güter haben keinen Wert, wenn man an der Schwelle zum Tod steht. Was bleibt ist die Erinnerung an schöne Stunden, die man mit anderen teilen konnte. Nun wird klar: das stille, bescheidene Glück ist wichtiger als ein Leben in der Öffentlichkeit und im Luxus. Erst im Alter oder in schweren Stunden stellt sich heraus, welche Freundschaften echt sind.

Nur wer bereit war im Leben Liebe zu schenken, kann damit rechnen, dass ihm auch wieder Liebe und Fürsorge gegeben werden. Der erfolgsgewohnte Single ist und bleibt allein, wenn er es nicht schafft, seinen Egoismus und seine egozentrische Lebensweise zu öffnen für andere. Liebe und Anerkennung kann man sich nicht kaufen. Geliebt werde ich, wenn ich liebenswert bin. Anerkannt werde ich, wenn mein

Verhalten von anderen akzeptiert wird, wenn ich zum Wohl der Allgemeinheit beitrage. Viele Menschen sind so verblendet, dass Sie meinen, der Besitz von Luxusgütern mache sie liebenswert, sie würden nur anerkannt, wenn sie es zu „etwas gebracht hätten". Aber so ist es nicht. Zu viel Luxus erzeugt höchstens Neid. Geachtet und wertgeschätzt werden die, die etwas für andere tun, die etwas leisten, nicht die, die nur ihren Reichtum zur Schau stellen.

Was hindert dann so viele Menschen daran, ihren Reichtum dafür einzusetzen, anderen Menschen zu helfen, der Gemeinschaft zu dienen? Weshalb benutzen sie ihre Kraft und ihren Intellekt nicht dazu, die Gesellschaft voranzubringen, Leben zu retten und zu schützen? Wieso verbringen wir so viel Zeit damit, einer vermeintlichen Karriere, die uns Glück und Erfolg verspricht, hinterherzulaufen? Woher kommen die gesellschaftlichen Zwänge? Hören wir lebenslang auf die falschen Einflüsterungen aus der Kindheit? Was macht es unmöglich für uns, einfach auszubrechen? Hören wir auf die falschen Freunde? Machen wir uns abhängig von den Verlockungen der Werbeindustrie, den Einflüsterungen der Gier? Wir sind eingeschnürt in ein Korsett aus Zwängen, aus denen wir uns nur selbst befreien können.

Die Erde platzt aus allen Nähten

Eines der wichtigsten Probleme der Zukunft wurde bislang nur am Rande gestreift. Die Menschen vermehren sich jedes Jahr. Bis 2030 werden um die 8,6 Milliarden Menschen unseren Erdball bevökern, bis 2050 kann die Weltbevölkerung sogar auf 9,8 Milliarden angewachsen sein. [16]

Die Menschen werden zumindest in den wohlhabenden Ländern durch moderne Medizin und bessere Lebensbedingungen immer älter. Auch wenn die Geburtenraten in manchen Industriestaaten zukünftig zurückgehen werden, verbrauchen die Menschen immer mehr Ressourcen und verwandeln natürlichen Lebensraum in zubetonierte Städte. Auch in den armen Entwicklungsländern Afrika und Südamerika wächst die Bevölkerung trotz hoher Kindersterblichkeit und geringer Lebenserwartung jedes Jahr sehr stark. Die zwei Riesen China und Indien werden ebenfalls weiter wachsen und vor allem auf dem afrikanischem Kontinent erwartet man einen extrem starken Anstieg der Bevölkerung.

Ein großer Teil der Millionen von Menschen lebt in den Großstädten dieser Welt. Fast ein Drittel der Stadtbewohner wohnen in sogenannten Slums, in Elendsviertel am Rande der Städte [17] und müssen täglich um ihr Überleben kämpfen. So entwickeln sich nach und nach katastrophale Zustände in den großen Metropolen der Welt. Die arme Landbevölkerung flieht in die Städte, um Geld zu verdienen. Die Städte selbst sind aber jetzt schon hoffnungslos überfüllt. Es fehlt an Infrastruktur und es gibt weder sanitäre Anlagen noch eine funktionierende Kanalisation, so dass Krankheiten in den engen Hütten vorprogrammiert sind.

---

[16] https://nachhaltig-entwickeln.dgvn.de/menschliche-entwicklung/ bevoelkerungsentwicklung/

[17] https://www.bpb.de/internationales/weltweit/megastaedte/64768/ slums

In den Slums gibt es keine ausreichende Versorgung der Bevölkerung. mit Wohnraum, Elektrizität und Trinkwasser. Hier gibt es kein funktionierendes Schulsystem und auch keine medizinische Versorgung. Die Menschen vegetieren in einer trostlosen Umgebung vor sich hin. Sie leiden unter Krankheiten und Mangelernährung. Hohe Kriminalität entsteht. Das kann nicht der Traum von einem schönen Leben sein. Die Menschheit muss vernünftig werden. Wir müssen Konzepte finden, wie wir die vielen Menschen, die schon auf der Erde leben ordentlich versorgen. Es kann keine Strategie sein, dass die Menschen allein gelassen werden.

Aufgrund mangelnder Aufklärung und mangelnder Bildung werden viel zu viele Kinder in die Welt gesetzt, denen schon in den ersten Lebensjahren Hunger und eine hohe Sterblich-keitsrate drohen. Laut Welthungerhilfe stirbt alle zehn Sekunden ein Kind unter fünf Jahren an den Folgen von Hunger. Weltweit hungern 690 Millionen Menschen und zwei Milliarden Menschen leiden an Mangelernährung. Das bedeutet, dass jeder elfte Menschenbürger unter chronischen Hunger leidet.[18] Das ist so nicht hinnehmbar. Die reichen Nationen müssen helfen, aber es müssen auch Konzepte gefunden werden, gerade in den armen Ländern die Geburten einzuschränken, damit mehr Menschen eine Überlebenschance haben.

Wie kann man aber den explorativen Anstieg der Menschehit verhindern? Zyniker würden sagen, wir benötigen den nächsten Weltkrieg, eine große Umweltkatastrophen oder eine Seuche, dann dezimieren sich die Menschen wieder von selbst. Aber diese Art und Weise „überschüssige Menschen" zu dezimieren, ist reiner Zynismus und kann keine ernst gemeinte Strategie sein. Das grenzenlose Leid, das ein neuer Weltkrieg, eine Umweltkatastrophe oder eine globale Seuche verursachen würde, ließen uns als Menschheit wieder um Jahrzehnte zurückfallen, von der humanitären Katastrophe ganz zu schweigen.

---

[18] https://www.welthungerhilfe.de/hunger/

Die Pandemie, die viele Tote in den Altenheimen und Krankenhäusern dieser Welt zur Folge hatte, zeigt uns, dass es in einer überbevölkerten Welt immer zuerst die Armen, Alten und Schwachen trifft. Auch der Einsatz von Atomwaffen und biologischen und chemischen Waffen Waffen könnte Millionen von Menschen auf einen Streich vernichten. Dies sind Szenarien, die keiner für gut erachten kann. Wenn wir nun im positiven Sinne davon ausgehen, dass sich die Menschen nicht von Kriegstreibern und Nationalisten in die tödliche Falle eines weiteren Weltkrieges lenken lassen und dass keine tödliche Seuche die Erdbevölkerung nach und nach auslöscht, dann bleibt immer noch das Problem: „Wie soll die ständig wachsende Zahl von Menschen ernährt werden?"

Jährlich steigt die Zahl der Menschen auf der Erde explorativ an. Besonders in Afrika südlich der Sahara wächst die Bevölkerung rasant. In diesen Gebieten leiden die Menschen schon jetzt unter Armut und die vom Klimawandel verursachte Dürre nimmt der Bevölkerung immer mehr landwirtschaftliche Flächen. In vielen Gebieten der dritten Welt ist die Säuglingsstreblichkeit enorm hoch und viele Menschen verhungern oder sterben schon früh an Krankheiten. Trotzdem ist gerade in den armen Ländern Afrikas die Fertilität der Frauen mit fast 4,5 Kindern pro Frau sehr hoch. Der Weltdurchschnitt beträgt 2,5 Kinder. [19] Natürlich sollen Frauen selbst bestimmen, wann sie schwanger werden wollen. Heute können aber Millionen von Frauen in Entwicklungsländern nicht verhüten, weil sie keinen Zugang zu modernen Verhütungsmitteln haben oder aus religiösen Gründen nicht verhüten dürfen.

Was passiert aber, wenn diese Menschen in den armen Regionen Afrikas und in den vielen anderen armen Ländern und Kriegsgebieten sich nicht mehr in ihren Heimatländern der Armut und dem Hunger aussetzen wollen und wenn sie ihr Heil in der Flucht in die reichen Industriestaaten suchen. Wie reagieren die reichen Länder, wenn sich

---

[19] https://www.berlin-institut.org/online-handbuchdemografie/ bevoelkerungsdyna-mik/faktoren/fertilitaet.html

ein Heer von Tausenden von Flüchtlingen aufmacht, die in ihren eigenen Ländern keine Zukunft mehr sehen. Das wird Auswirkungen auf unser Zusammenleben haben. Jetzt schon werden Stimmen in den Industriestaaten laut, Mauern und Zäune zu bauen, um die Flüchtlingsströme abzuwehren.

Nur eine Aufklärung in der Bevölkerung armer Länder und eine soziale Unterstützung im Falle von Krankheit und Alter kann hier helfen. Wenn sich die Menschen besser auf ein soziales Netz verlassen können, haben sie eine Alternative zur Zeugung von Kindern zur persönlichen Altersvorsorge. Außerdem kann eine frühzeitige Aufklärungsarbeit vor allem bei den Frauen eine bessere Familienplanung bewirken. Wir dürfen den religiösen Hardlinern nicht erlauben, die Frauen als stimmlose Geburts-maschinen zu mißbrauchen, die angeblich dem göttlichen Plan folgen müssen, immer mehr Kinder in die Welt zu setzen. Das Ziel „Wachset und mehret euch!" hat die Menschheit schon längst überschritten. Viele Gebiete der Erde sind schon heute überbevölkert.

Die größte Chance nach der Aufklärung bietet die Bildung junger Menschen. Aufklärungsarbeit zur Empfängnisverhütung und Familienplanung darf nicht nur in den Städten, sondern muss auch auf dem Land und bereits in den Schulen betrieben werden. Gebildete Menschen sind in der Lage ihre Lebens- und Kinderplanung selbst nach ihren Bedürfnissen zu gestalten und auch ohne eine Schar von Kindern für das Alter vorzusorgen.

Die armen Länder dürfen nicht auf die Almosen aus den reichen Ländern angewiesen sein. „Hilfe zur Selbsthilfe" ist hier die Devise. Die Entwicklungsländer brauchen die Möglichkeit, ihre eigenen Ressourcen, Agrarprodukte und Waren besser zu vermarkten. „Fair Trade" ist hier ein Schlagwort. Die Erzeuger müssen in die Lage versetzt werden, von den Produkten, die sie herstellen, auch leben zu können. Momentan sind viele arme Länder aufgrund einflussreicher Aufkäufer und den daraus resultierenden schlechten Preisen auf den Weltmärkten gezwungen, ihre Ressourcen und Waren zu verschleudern. Oft greifen die Gewinne die eignen korrupten

Politiker mit ihren Familienklans und auch Konzerne aus dem Ausland ab. So hungern Menschen auch in Staaten mit großen Ressourcen und guten Einnahmequellen, weil sich wenige bereichern und dem Volk nichts abgeben.

Den größte Verbrauch an Ressourcen hat die USA. Wenn sich alle Länder so verhalten würden, bräuchten wir fünf Erden, um alle zu ernähren. Danach kommen Australien und Russland und an vierter Stelle Deutschland mit einem sehr großen ökologischen Fußabdruck. Die Deutschen würden zu ihrer Ernährung und Lebenshaltung eine Landfläche benötigen, die dreimal so groß sein müsste, wie die tatsächliche.[20] Im Jahr 2019 waren schon am 29. Juli die Ressourcen der Erde für das ganze Jahr verbraucht. Man nennt das den „Erdüberlastungstag". Den Rest unseres Konsums gönnen wir uns auf Kosten anderer, ärmerer Staaten oder auf Kosten der nächsten Generation.[21]

Am wenigsten verbrauchen die armen Länder der Dritten Welt. Diese Zahlen machen klar, dass gerade die Staaten der reichen Industrienationen und auch einiger Golfstaaten, die durch die Ausbeutung der Erdöl- und Erdgasvorkommen reich geworden sind, ihr Verhalten ändern müssen. Vor allem sie leben auf Kosten der nächsten Generationen. Sinnlos beuten wir den Planeten aus für immer mehr Wachstum und den Luxus von Wenigen. Eine Mäßigung ist nicht in Sicht. Die nächste Generation wird hart an den Folgen tragen, wenn nicht schnellstens eine Kehrtwende hin zu einer ökologisch nachhaltigen Wirtschaftspolitik vollzogen wird. Es ist Verzicht angesagt, statt Gier und Egoismus. Es ist eine Solidarität zwischen reichen und armen Ländern erforderlich, um die Ernährung von immer mehr Menschen auf der Erde sicher zu stellen. Die Prioritäten bei den volkswirtschaftlichen Zielsetzungen müssen neu geordnet werden.

---

[20] https://de.statista.com/statistik/daten/studie/588224/umfrage/ oekologischer-fussab-druck-der-laender-mit-den-hoechsten-werten/

[21] https://www.zeit.de/wissen/umwelt/2019-07/umwelt-ressourcen-erdueberlastung-ver-brauch-menschheit

Ökologie statt unbegrenzte Ökonomie, gerechte Einkommensverteilung statt Gewinnmaximierung! Fair Trade statt Ausbeuten von Entwicklungsländern für einen noch größeren Reichtum der Industriestaaten! Günstige Energie- und Wasserversorgung für alle! Das Recht auf Wohnung und Nahrung muss als Grundrecht aller Menschen festgeschrieben werden. Nur so verhindern wir die fortschreitende Ausbeutung unseres Planeten. Sagen wir es knapp: „Wir müssen wieder bescheiden und genügsam werden und dürfen unser Leben nicht auf Kosten anderer leben."

Ein weiterer Punkt ist eine Umstellung der Ernährung der vielen Menschen. Wenn man bedenkt, dass die Ernährung mit Fleisch und herkömmlichen Lebensmitteln wie bisher auf Dauer so nicht tragbar ist, drängt sich die Frage auf, ob es nicht neue Konzepte zur Ernährung der Menschen in der Zukunft gibt. Die Reduzierung des Fleischkonsums und die Umstellung auf pflanzliche Produkte und Ersatprodukte sind sehr wichtig. Es gibt neue Vorschläge aus der Lebensmittelforschung, aber es wird zu wenig in diesem Bereich investiert und oft sind es einzelne Forschungsprojekte, die neue Herstellungsmethoden von ökologischen und nachhaltigen Lebensmitteln ausprobieren. Meist fehlt es aber an staatlichen Zuschüssen für diese wichtigen Forschungsarbeiten und für das Testen der neuen Produkte auf den Märkten.

Das Vermeiden der überschüssigen Produktion von Lebensmitteln ist ebenso wichtig wie das Umstellen unserer Ernährung auf umweltfreundlichere Nahrungsmittel. Nur so können zukünftig dringend benötigte Ressourcen geschont werden. Auch bei der Herstellung von Kleidung, Nutzgegenständen und Elektrogeräten muss auf Nachhaltigkeit und Recyclingsmöglichkeiten geachtet werden, sonst werden wir bald an unsere Grenzen stoßen. Eines ist klar: so wie bisher geht es nicht weiter. Die Uhr tickt. Es bleiben folgende Fragen: „Schaffen wir den Ausstieg aus den alten verkrusteten Strukuren noch rechtzeitig? Denken wir schnell genug um und werden diese Umdenkprozesse auch politisch und wirtschaftlich zügig umgesetzt?" Nur dann wird sich die nächste Generation eine lebenswerte Zukunft auf unserem Planeten aufbauen können.

Wir helfen den Entwicklungsländern nicht, wenn wir ihnen ihre Ernte zu Schleuderpreisen abkaufen und diese mit Containerschiffen auf den Weltmärkten hin- und herfahren. Daran verdienen nur clevere Geschäftsleute. Indem wir die Nahrung in den Ländern belassen, wo sie hergestellt werden, lösen wir viele Probleme. Menschen sind dann nicht mehr gezwungen ihre Heimat zu verlassen. Die Lebensmittelüberproduktion für reiche Nationen auf Kosten der armen muss ein Ende finden.

Wir alle sollten unseren Konsum einschränken. Vor allem Fleisch darf nicht zur billigen Massenware verkommen. Die Aufzucht und das Schlachten von Lebewesen müssen unter einer strengen Kontrolle gestellt werden. Es tut gut, zu beobachten, dass viele, vor allem junge Menschen zukünftig aus ethischen und gesundheitlichen Gründen auf Fleisch verzichten wollen. Sie leben vegatarisch oder vegan. Dies ist ein lobenswerter Trend, und ich bin mir sicher, dass auch die Lebensmittelindustrie ihre Produktion umstellen wird, wenn der Konsument das verlangt. Gerade auf dem Lebensmittelmarkt hat es jeder einzelne Verbraucher in der Hand, seine Lebensmittel quantitativ und qualitativ selbst auszusuchen. Gehen wir in uns und schränken wir unseren Konsum ein, zum Wohle von Mensch und Tier! Sorgen wir selbst dafür, dass nicht Millionen von Menschen hungern müssen, nur damit wir zu Billigpreisen alles auf den Tisch bekommen und dadurch oft unter Fettleibigkeit und Diabetes leiden! Indem wir anderen helfen und sie unterstützen, helfen wir auch uns selbst, von unmäßigen und ungesunden Konsumgewohnheiten Abstand zu nehmen.

Die Ernährungs- und Landwirtschaftsorganisation der Vereinten Nationen FAO gab bekannt, dass 1,4 Milliarden Tonnen essbarer Lebensmittel weltweit pro Jahr weggeworfen werden, davon 54,5 Millionen Tonnen allein in Deutschland.[22] Nutzen wir unsere Macht als Verbraucher und lehnen wir Billigware, die aus armen Ländern importiert wird, ab. Die Herstellungsprozesse für diese Ware und der

---

[22] https://www.wwf.de/themen-projekte/landwirtschaft/ernaehrung-konsum/lebensmittelverschwendung/verschwendung

Transport in die reichen Länder sind oft die Ursache für Hunger und Leid in den armen Ländern der Erde. Während in den Wohlfahrtsstaaten Lebensmittel weggeworfen werden, haben andere zu wenig zu essen. Wir haben es als Verbraucher in der Hand, ob dies immer so weiter geht oder ob sich etwas ändert.

The wind of change

Endlich werden Stimmen für ein faires Miteinander laut. Junge Menschen haben erkannt, dass sie unseren Planeten nur retten können, wenn sie sich solidarisch zeigen und gegen die unendliche Gier des Establishments kämpfen. Die Menschen weltweit müssen lernen gerecht und fair mit ihren Mitmenschen und ihrer Umwelt umzugehen. Wir dürfen uns nicht mehr gegenseitig ausspielen lassen, von den Mächtigen, die an ihrem Reichtum und ihrer Macht kleben. Sie werden sich nicht mehr ändern. Ihre Verblendung durch die Gier nach Macht und Luxus ist zu weit fortgeschritten. Sie würden zu viel verlieren, wenn die alten Machtstrukturen aufgelöst werden. Sie werden das Feld nicht freiwillig räumen für Fortschritt und Wohlstand für alle. Sie blockieren alle guten Ansätze. Aber ihre Tage sind gezählt.

Millionen von Menschen weltweit sind nicht machtlos. Wir können uns befreien aus dem Hamsterrad, in das wir uns selbst gestellt haben. Längst haben wir eingesehen: je mehr wir strampeln, desto weniger kommen wir vorwärts. Die Befreiung funktioniert nur über uns selbst, über unser Denken, über unsere Werte und Ziele. Nicht mehr die Gewinnmaximierung und das Erwirtschaften von Reichtum für wenige dürfen uns wichtig sein, sondern ein lebenswertes erfülltes Leben für alle. Kern jeder Veränderung ist unsere eigene Einstellung zu uns selbst und zum Leben. Steigen wir aus, aus unserer selbstgewählten Opferrolle! Wir haben Macht, zumindest über unser eigenes Leben und unsere Entscheidungen.

In allen Nationen dieser Erde weht ein neuer Geist. So ist ein ganzer vergessener Kontinent wie Afrika dabei zu erwachen. Jahrzehntelang durch den Kolonialismus der westlichen Welt ausgebeutet und von Sklavenhändlern und Stammeskriegen dezimiert, lehnt sich die Bevölkerung nun auf und fordert mehr Freiheit. Der Rassismus muss ein Ende finden und damit auch das Ausschließen von Millionen Menschen von Bildung und Aufstiegschancen. Afrika ist sehr reich an Bodenschätzen und in vielen Regionen wird Landwirtschaft betrieben. Hier geht es vor allem um eine gerechte Aufteilung des Reichtums. Bislang haben meist Diktatoren und ihre ausländischen Nutznießer alleine profitiert. Jetzt ist es an der Zeit, dass das Volk erwacht und selbst für sein Wohlergehen sorgt. Nachdem die Kolonialisten verschwunden sind, haben sich internationale und in den letzten Jahren vor allem chinesische Konzerne auf dem afrikanischen Kontinent eingekauft. Die neuen Profiteure arbeiten eng mit den bestehenden Machthabern zusammen und haben vor allem die eigenen Gewinne im Blick. Wollen wir hoffen, dass eine neue selbstbewusste afrikanische Generation die alten Machtgefüge ablöst und für mehr Demokratie und soziale Verbesserungen sorgt.

China war selbst bis in den 80er Jahren ein sehr armes Land, bis die Wirtschaft sich unter Deng Xiaoping öffnete und das Riesenreich zu einer der größten Wirtschaftsmächte weltweit heranwuchs.[23] China ist, ähnlich wie andere große Staaten, aus vielen verschiedenen Volksgruppen zusammengesetzt. Das kommunistische Regime kümmert sich auch heute noch nicht um die Einhaltung von Menschenrechten und ist dabei einen Überwachungsstaat aufzubauen. Zwar hat sich das Land für den Wirtschaftshandel geöffnet, aber auch heute bleibt der Reichtum bei wenigen haften, die sich parteikonform verhalten.

Das Milliardenvolk der Chinesen bleibt weiterhin unterdrückt und ohne Stimme. Am Platz des Himmlischen Friedens wurde vor dreißig Jahren der letzte große Versuch der Studenten unternommen, gegen die Entmündigung der Partei vorzugehen und für Meinungsfreiheit zu kämpfen. Damals wurde der Aufstand blutig niedergeschlagen. Heute finden nur angepasste Chinesen einen Studienplatz und einen guten Arbeitsplatz. Das soziale Kreditsystem sorgt dafür, dass Kredite, Reisen und andere Vorteile nur erhält, wer sich dem Regime unterordnet und wer sich anpasst. Regimegegner und Demonstranten für Freiheit, wie zum Beispiel Hong Kong, werden verfolgt und inhaftiert. Das Internet

---

[23] https://www.pw-portal.de/china-und-die-globalisierte-welt/40967-chinas-aufstieg-zur-weltmacht

und die Presse werden von der kommunistischen Partei zensiert. Von einem freien Land kann keine Rede sein.

Aber es brodelt unter der angepassten Oberfläche der Gesellschaft. Es ist fraglich, wie lange das totalitäre Regime noch durch Drohungen die absolute Kontrolle über das chinesische Volk behalten kann. Durch den Ausbruch des Coronavirus sind die Proteste vor allem der jungen Menschen zunächst in den Hintergrund geraten. Aber ein Milliardenvolk aus unterschiedlichsten Volksgruppen lässt sich nicht ewig einschüchtern. Die Tage des totalitären Regimes sind gezählt.

Schauen wir weiter zu einem Konkurrenten Chinas. Auch der Nachbarstaat Indien sitzt in den Startlöchern, mit seinem Milliardenvolk eine ernst zu nehmende Wirtschaftsmacht zu werden. Dabei versucht sich der indische Staat immer noch von der jahrelangen Unterdrückung der englischen Kolonialherrschaft und einer rigiden religiösen Gesellschaftsordnung, die die Menschen in Kasten einteilt, zu befreien. In Indien leben die meisten Menschen zwar noch immer in bettelarmen Verhältnissen auf dem Land oder in den Slums der Großstädte, aber in den Städten weht auch hier der Wind der Veränderung und des Fortschritts. Viele junge Inder arbeiten in Start-up Unternehmen und in der Softwarebranche. Sie wollen sich nicht mehr von überkommenen Standesdünkeln einschränken lassen.

Während auf dem Land die Frauen immer noch nichts zählen und kaum Rechte haben, starten ihre Geschlechtsgenossinnen in den Städten oft die gleichen Karrieren wie die Männer. Sie protestieren gegen Bevormundung und Vergewaltigungen. Es entsteht ein neues weibliches Selbstverständnis und selbst auf dem Land gründen Frauen ihre eigenen Betriebe und arbeiten selbstständig. Es ist natürlich noch ein weiter Weg, bis man in Indien von Gleichberechtigung und Chancengleichheit für alle sprechen kann. Aber auch hier haben sich die jungen Menschen bereits solidarisiert und wollen die Lebensumstände im Land ändern.

In Südamerika und Mittelamerika haben sich in manchen Staaten neue Demokratien entwickelt. Leider ist die Korruption in vielen Bereichen der Politik und der Wirtschaft immer noch allgegenwärtig. Bettelarme Slums umgeben die Großstädte, in denen die Reichen ihren Wohlstand gegen den ärmeren Teil der Bevölkerung abschotten. Auf dem Land herrschen oft Anarchie und das Gesetz des Stärkeren. Viele indigene Völker und Randgruppen leben auch heute noch in großer Armut und sind vom Aussterben bedroht. Sie sind abgeschnitten von Bildung und kulturellem Leben. Nach wie vor gibt es Länder, in denen Banden oder paramilitärische Milizen die Menschen als Geiseln nehmen, sie ausrauben und versklaven.

In vielen Ländern Mittel- und Südamerikas ist nicht erkennbar, wer die größeren Schurken sind: die Regierung mit ihren korrupten Polizisten und Militärs oder die sogenannten Rebellen und Revolutionstruppen oder aber die kriminellen Banden. Die Menschen hier stehen ebenfalls vor einer Zeitenwende. Viele der südamerikanischen Länder sind reich und verfügen über zahlreiche Ressourcen, aber bei den Einwohnern kommt der Reichtum nicht an. Er bleibt den Mächtigen vorbehalten.

Vor allem ausländische Regierungen und Unternehmen haben bisher davon profitiert. Es sind die Reichen im Lande und ausländische Unternehmen, die für Umweltskandale und für die Abholzung des Regenwaldes verantwortlich sind. Es wird Zeit, dass die Einwohner sich gegen diese Ausbeutung ihrer Länder zur Wehr setzen. Es gibt indigene Völker, die vor allem in Brasilien, Bolivien und Peru für ihre Rechte und gegen die Zerstörung der Natur kämpfen. Durch die Abholzung des Regenwaldes sind die letzten Naturvölker Mittel- und Südamerikas vom Aussterben bedroht. Nicht nur die indigenen Völker des Amazonas-Gebietes, alle Nachfolger der Inkas, Mayas und Azteken, einst Hochkulturen, kämpfen um ihre kulturelle Identität und um ihr Überleben. [24]

---

[24] https://www.survivalinternational.de/artikel/3542-bolsonaro

Bei einer wachsenden Weltbevölkerung muss der Reichtum neu verteilt werden, sonst drohen Hungerkatastrophen. Die Menschen benötigen Bildung, um in ihren Ländern bleiben zu können und eine Perspektive zu haben. Die Nahrungsmittel und die lebensnotwendigen Rohstoffe müssen zwischen armen und reichen Ländern und zwischen den gesellschaftlichen Schichten besser verteilt werden. Die Menschen sollen mitbestimmen über die Verwendung des Staatsvermögens. Das Schuften um einen Hungerlohn muss aufhören. Nur so können freie und mündige Weltenbürger unserem Planeten ein menschliches Gesicht geben. Nur wer genug zu essen hat, kann sich wichtigen Aufgaben widmen. Nur wer über genügend Bildung und soziale Absicherung verfügt, kann selbstbestimmt leben und einen wichtigen Beitrag für die Zukunft unserer menschlichen Gesellschaft leisten.

Wir sehen die weltweiten Proteste aus der Bevölkerung. Vor allem der Schutz der Umwelt liegt vielen am Herzen. Es hat ganz klein angefangen mit einer Schülerin, die in Norwegen gegen den Klimawandel demonstrierte und sich nicht einschüchtern und entmutigen ließ. Inzwischen ist die Bewegung des „Friday for future" zu einer weltweiten Bewegung angestiegen. Immer mehr Schülerinnen und Schüler demonstrierten am Freitag für ihre Zukunft auf dem Planeten Erde. Sie haben erkannt, wie akut und real die Probleme sind und wie gefährlich das Aufschieben wichtiger Entscheidungen seitens der Politik für ihre Zukunft ist. Längst haben sich auch viele Wissenschaftler und Eltern angeschlossen, die ebenfalls vor den Folgen der Erderwärmung und des vom Menschen verursachten Klimawandels warnen.

Und siehe da, plötzlich bringen auch Regierungen Klimapakete auf die Tagesordnung Allerdings ist der Erfolg der angebotenen Maßnahmen fraglich. Vor allem ist es sicher kein Zufall, dass die Zielsetzungen so weit in die Zukunft gelegt wurden, dass bis dahin nur noch Wenige derer, die den Maßnahmenkatalog heute aufsetzen, in der politischen Verantwortung stehen werden. Machthabenden Politiker wollen das Volk hinhalten. Aber die jungen Leute durchschauen die politischen Manöver und werden weiter demonstrieren. Sie sind die Wähler von morgen. Lange können sie die Parteien und Machthabenden nicht mehr ignorieren.

Im Kleinen formiert sich schon lange der Widerstand gegen eine gierige Handelspolitik mit Drittweltländern und der skrupellosen Erzeugermentalität bei landwirtschaftlichen und tierischen Produkten. Selbst die großen Handelsketten sehen sich gezwungen auf die Wünsche ökologisch gesinnter Konsumenten einzugehen. So möchten viele Verbraucher inzwischen keine tierischen Produkte mehr essen, vor allem kein Fleisch mehr aus der Massentierhaltung. Die Eier sollen von freilaufenden Hühnern stammen und die Milch von glücklichen Kühen, die auf die Weide geschickt werden und ihre Kälber noch selbst säugen dürfen. Die Kunden möchten den Kaffee und die Bananen nicht mehr aus Ländern, wo die Menschen für einen Hungerlohn ausgebeutet und die Produkte sehr stark mit Pestiziden gespritzt werden. Von Seiten der Verbraucher wird immer mehr auf „Fair Trade" und biologisch angebaute Lebensmittel geachtet.

Die Aufklärung in der Textilbranche hat dazu geführt, dass auch hier immer mehr Kunden danach fragen, wo und wie die Kleidungsstücke hergestellt werden. Es macht sich auch in der Modebranche Unmut gegen die Wegwerfgesellschaft breit. Technische Produkte, wie Fernseher, Mobiltelefone, PCs und Laptops sollen länger in Betrieb gehalten und danach zur Wiederverwertung gebracht werden. Wir Verbraucher bestimmen, welche Waren wir kaufen und welche wir einfach boykottieren. Das ist ein starkes Druckmittel gegen ignorante Branchen. Spielen wir die Macht als Verbraucher aus!

Wenn wir dann auch noch auf einen vernünftigen Konsum von Nahrungsmitteln achten, dann können wir das millionenfache Tierleid in den Mastanlagen dieser Welt eindämmen und leben auch selbst gesünder. Mit allem, was wir für andere tun, helfen wir nicht zuletzt uns selbst. Ächten wir die mit Pestiziden und Schadstoffen verunreinigten Lebensmittel. Schonen wir den Planeten, wo wir es können! Helfen wir mit, dass keine Wälder mehr sinnlos abgeholzt oder abgebrannt werden! Helfen wir den Plastikmüll einzudämmen und den CO_2-Ausstoß durch Verkehr, Reisen und Transport und durch industrielle Produktionsanalgen zu reduzieren. Überall auf der Welt entstehen neue Projekte, die die alten Lebensweisen kritisch sehen und auf eine neue menschliche Welt im Einklang mit der Natur hinarbeiten. Wir ersparen uns selbst viel Leid und tragen dazu bei, dass auch unsere Kinder und Enkel den Planet Erde noch bewohnen können.

Die Bewegung lebt. Überall auf der Welt schließen sich Leute zusammen, die den ewigen Wahnsinn von Ausbeutung und Zerstörung satt haben. Wir gehen einem neuen Zeitalter entgegen. Der „Wind of change" weht stärker als je zuvor. Die Menschen gehen auf die Straße. Sie solidarisieren sich und das ist gut. Nur gemeinsam können wir eine Wende herbeiführen. Alle bisher aufgestellten ökonomischen und ökologischen Werte müssen neu durchdacht werden. Die Wissenschaftler und klugen Köpfe unserer Zeit müssen sich vernetzen und neue Konzepte für den Erhalt unserer Umwelt erstellen. Gerade die Jugend muss darauf bestehen, dass Zukunftsthemen in der Politik Vorrang haben und sie selbst ein Mitspracherecht erhalten. Es geht nicht mehr darum den alten Status Quo zu schützen, es geht darum neue Wege des Zusammenlebens auf der Erde zu finden.

Neue Energieformen für unsere Zukunft

Das gilt auch für unsere Energieerzeugung. Wenn wir schon die Energiewende als Bürger eines Landes über unsere Steuergelder und unsere Stromgebühren bezahlen, dann müssen wir auch ein Mitspracherecht bei den Entscheidungen für die Zukunft haben.

Trotz der Proteste der Bürger begann man in den 70er und 80er Jahren mit dem Bau der Atomkraftwerke in Deutschland. Die Kosten für die Technologie und den Ausbau der Atomkraft wurde vor allem von unseren Steuergeldern bezahlt. Dann kamen die privaten Strombetreiber und haben jahrzehntelang daran verdient. Jetzt, da die Atomkraftwerke abgebaut werden, sollen wieder wir als Steuerzahler und Stromkunden zur Kasse gebeten werden, obwohl die Kernkraftwerksbetreiber dazu angehalten wurden, Rücklagen für den späteren Abbau der Kraftwerke zu bilden. Die Aktionäre der Energieunternehmen haben jahrelang gut verdient. Nun stehlen sie sich aus der Verantwortung. Der Abbau der deutschen Atomkraftwerke und die anschließende Einlagerung der Brennstäbe und des atomaren Mülls wird Milliarden verschlingen. Die Kosten sind unüberschaubar, eine atomare Katastrophe ist nicht ausgeschlossen. Das radioaktive Material muss für hunderttausende von Jahren gelagert werden, bis es ungefährlich ist.

Ein tolles Erbe für die nächsten Generationen, die sich dann mit lecken Atommüllfässern in irgendwelchen Salzbergwerken und anderen mehr oder weniger „sicheren" Lagern herumärgern dürfen. Dies war und ist nicht nur in Deutschland so. In ganz Europa und weltweit wird immer noch viel mit der Energie aus Atomkraftwerken verdient. Deshalb wird auch weiter investiert und es ist noch lange kein Ende in Sicht. Noch heute sind viele Atomreaktoren weltweit im Bau und auch nach 2030 werden noch viele von ihnen am Netz sein. Es nützt wenig, in Deutschland alle Atomkraftwerke abzuschalten, während in den Nachbarländern Frankreich, Belgien und Tschechien nach wie vor der Strom vor allem durch AKWs erzeugt wird. Es gibt keinen Konsens über einen

Ausstieg aus der Atomenergie europaweit und schon gar nicht welt-
weit. Bisher hat laut WNWR (World Nuclear Waste Report)[25] noch kein
Land ein Endlager für hochradioaktive Abfälle aus Atomkraftwerken in
Betrieb genommen und momentan werden bei uns mehr als 60.000
Tonnen hochradioaktiver Abfall noch in Zwischenlagern gelagert.

Die Methode der Kernspaltung erzeugt hoch radioaktiven Müll. Es
gäbe zur Energiegewinnung auch noch die Methode der Kernfusion, bei
der Deuterium und Tritium zu Helium verschmelzen. Diese Methode
produziert keinen strahlenden Atommüll. Allerdings sind die Forschungen zu dieser Methode noch nicht weit genug fortgeschritten, um ein
funktionierendes Kraftwerk zu betreiben. Hier stellt sich die Frage, ob
es nicht sinnvoll wäre in diese Technik weiter zu investieren. Das erste
Kraftwerk Iter (internationaler Thermonuklearer Experimental Reaktor)
soll in Cadarache in Frankreich ab 2025 in Betrieb gehen und das erste
Plasma zünden.[26] Seit Jahren arbeitet ein internationales Forscherteam
an der Verwirklichung dieses Traums, doch die Forschungsgelder sind
begrenzt und es dauert bis zur Fertigstellung und bis zur vollen Funkti-
onsfähigkeit wahrscheinlich nochmal zehn Jahre länger. Die Baukosten
des Reaktors werden auf 20 Milliarden Euro geschätzt. Zu einem Drittel
trägt die EU die Kosten. Fraglich ist der Zeitpunkt der effektiven Energiegewinnung mit einem solchen Kraftwerk und ob auch weiterhin Investoren für die Forschung gefunden werden können.

Die Energiegewinnung durch Kernfusion ist emissionsfrei, unerschöpflich und sicher, da die Energie in frei werdenden Neutronen
steckt. Bislang hört man jedoch sehr wenig darüber, inwiefern diese
Technik in der Zukunft zum Einsatz kommen wird. Inzwischen forscht
auch das Konsortium Eurofusion in Garching bei München am Kernfusi-
onsreaktor Demo (Demonstration Power Plant), der bis 2050 fertig entwickelt sein soll. [27] In Greifswald läuft schon seit ein paar Jahren der

---

[25] https://eu.boell.org/en/2019/11/08/world-nuclear-waste-report-focus-europe-wnwr

[26] https://www.stern.de/digital/technik/wettlauf-um-die-kernfusion---das-iter-gebaeude-
wurde-fertiggestellt-9008688.html

[27] https://www.ipp.mpg.de/9031/demo

Reaktor Wendelstein 7-X, der im Gegensatz zu den anderen zwei Reaktoren nicht mit dem Tokamak, sondern dem Stellarator Prinzip funktioniert. Letztendlich werden die nächsten dreißig Jahre zeigen, ob die Kernfusion zukünftig zur Energiegewinnung beitragen kann.

Die Technik der Kernfusion, die weder von der Sonnenstrahlung noch vom Wind abhängig ist, könnte helfen, die vielen Kohlekraftwerke, die momentan weltweit im Einsatz sind, abzustellen. Sonst produzieren wir auch in den nächsten Jahrzehnten noch Strom mit CO_2-lastigen Kohlekraftwerken. Die Politiker scheuen sich einen klaren Schritt zu gehen und Kohlekraftwerke zu schließen. Manche Mitglieder der EU, wie Polen, weigern sich schlichtweg Kohlekraftwerke abzustellen, da Kohle günstig im Land gefördert wird. Kohle wird nach wie vor weltweit gefördert und wenn man eine Weltkarte betrachtet, erkennt man sehr schnell, dass ein Ausstieg Europas aus Kohlekraftwerken zwar ein nobles Ziel ist, weltweit gesehen aber wenig bewirkt, wenn Staaten wie China oder Indien hier nicht mit mitmachen.

Dass dies keineswegs der Fall ist, zeigt die Planung hunderter von Kohlekraftwerken in den nächsten Jahren. Vor allem China ist hier Vorreiter, nicht nur im eigenen Land, sondern auch in anderen asiatischen und afrikanischen Ländern.[28] Das Ziel, weltweit einen Konsens über den Ausstieg aus den Kohlekraftwerken zu finden, scheint unrealistisch, wenn sich Länder wie USA, Russland und China komplett ausschließen und weiterhin eine große Anzahl von konventionellen Kraftwerken planen. Hier scheint es keinem zu interessieren, dass viele Kohlekraftwerke veraltet sind und massiv zur Erhöhung der CO_2-Werte in der Luft beitragen. Schon die Kohleförderung bringt immense Umweltschäden mit sich. Die Arbeit, die in den Bergwerken geleistet werden muss, birgt hohe gesundheitliche Risiken für die Bergleute.

---

[28] https://www.energiezukunft.eu/wirtschaft/weltweit-sind-1380-neue-kohlekraftwerke-in-planung/

Wenn Kohlekraftwerke und Atomkraftwerke wegfallen sollen, müssen andere ökologische Energiequellen erschlossen werden. In den letzten Jahren ist die Produktion von Strom durch Photovoltaikanlagen sukzessive angestiegen. Die Sonne gilt als unendlicher Energiespender. Sie produziert 5000-mal mehr Energie, als die gesamte Menschheit verbraucht. Die Kernfusion im Innern der Sonne schickt die Strahlung über elektromagnetische Wellen auf die Erde. So wird das Leben auf der Erde überhaupt erst möglich. Die Sonne besteht aus 70 Prozent Wasserstoff und 28 Prozent Helium. Der Wasserstoffvorrat, den die Sonne beim Erzeugen der Energie verbraucht, könnte noch ca. fünf Milliarden Jahre der Menschheit zur Verfügung stehen. [29]

Man unterscheidet zwischen der indirekten und direkten Nutzung der Sonnenenergie. Zur indirekten Nutzung zählen die Windenergie, die Wasserkraftwerke, die Gezeitenenergie, die Bioenergie, Biogasanlagen und das Verbrennen von Holz. Die direkte Nutzung der Sonnenenergie erfolgt über solarthermische oder Photovoltaikanlagen, die die Sonnenenergie in elektrische Energie umwandeln. Die Strahlungsmenge der Sonne ist weltweit nicht überall gleich. In Mitteleuropa beträgt die Leistung ca. 1000 kW/h, in der Sahara dagegen ca. 2350 kW/h pro Quadratmeter. So ist es nicht weiter verwunderlich, dass die Sonnenenergie in den wärmeren Ländern mit vielen Sonnenstunden pro Tag noch effektiver genutzt werden kann. Deshalb muss aber die Solarenergie mit neuer moderner Technik auch in kühleren Regionen, wie Deutschland nicht uneffektiv sein.

Beim Bau von Photovoltaikanlagen wurde Deutschland von anderen Ländern überholt. Es fiel hinter China, USA und Japan auf Platz vier zurück.[30] Sowohl für den Abbau von Kohlekraftwerken als auch für den Aufbau der erneuerbaren Energien sind auch zukünftig staatliche Förderungen nötig. Deutschland hat die geförderte Produktion von Solar-

---

[29] https://www.solaranlage-ratgeber.de/solarenergie/ energiequelle-sonne

[30] https://de.statista.com/statistik/daten/studie/37031/umfrage/ solarenergie-weltweit-im-jahr-2009/

strom inzwischen gedeckelt. Diese Politik sollte überdacht werden. Photovoltaik-Kraftwerke könnten in den jetzigen Gebieten des Kohleabbaus neue Arbeitsplätze schaffen und alternative Energie zur Verfügung stellen.

Eine Kombination der Nutzung von Wind- und Sonnenenergie ist nötig, um eine durchgängige Versorgung mit Strom sicher zu stellen. Der Ausbau von Windenergieanlagen muss deshalb gleichermaßen forciert werden. Durch „Repowering" können alte Windkraftanlagen noch effizienter arbeiten und die Energieleistung kann verdoppelt werden. Die neuen Windkraftanlagen sind jetzt bereits zwanzigmal effizienter als die Anlagen vor zwanzig Jahren. Allerdings haben diese Anlagen Rotoren bis zu 120 Meter Durchmesser und sehr hohe Turmhöhen. Ein unendlicher Ausbau der Windkraft ist auch wegen dem Naturschutz und den Protesten von Anwohnern nicht möglich. In Deutschland ging aus diesen Gründen der Ausbau von großen Windenergieanlagen 2019 stark zurück. Wegen dem Schutz der Anwohner, dem Schutz der Meere und dem Tier- und Pflanzenschutz sollte man zunehmend eine staatliche Subvention des Ausbaus von Kleinwindanlagen ins Auge fassen, bei dem nicht mehr die Energiekonzerne, sondern auch die normalen Bürger profitieren könnten.

Insgesamt betrachtet ist der Ausbau von Wind- und Solarenergieanlagen stark angestiegen. Im Jahr 2019 waren es 1246 Gigawatt Strom [31], der von Photovoltaik- und Windkraftanlagen geliefert wurde. Die Nation, die momentan am stärksten in Windkraft und Solarenergie investiert ist China. Wir dürfen aber hier nicht vergessen, dass China momentan alle Energieträger, also auch Kohlekraftwerke extrem stark ausbaut. Dieser Trend soll sich in den nächsten Jahren sogar noch verstärken, da die Wirtschaft Chinas enorm boomt. Momentan investiert China am meisten von allen Ländern in erneuerbare Energien. Danach kommen Europa, USA und Japan.

---

[31] https://www.bmwi-energiewende.de/EWD/Redaktion/ Newsletter/2019/07/ Meldung/direkt-erfasst_infografik.html

Die Elektrizität könnte heute nur 25 Prozent unseres globalen Energiebedarfs decken. Da schon jetzt die umweltfreundliche Produktion von ausreichend viel Strom schwierig ist, ist es wohl kaum realistisch unseren Verkehr komplett auf Elektromobile umzustellen. Hier könnte die Erfindung von synthetischem Benzin helfen. Forscherteams sind daran, flüssigen Brennstoff, wie Ethanol aus Wasser und Sonnenlicht herzustellen. Schon jetzt gibt es eine große Nachfrage nach flüssigen Brennstoffen, um Schwertransporte, Schiffe und Flüge nachhaltig zu ermöglichen.[32]

Der Stromverbrauch wird weiterhin weltweit ansteigen. Bis 2050 soll dann der Anteil der Kohle zurückgehen, während der Anteil von Wind- und Solarenergie ansteigen wird. Die Energiegewinnung mit Erdöl, mit Atomkraft und Gas soll dagegen zurückgehen. Auch die Möglichkeiten, Strom aus erneuerbaren Energien zu speichern sollen besser und günstiger werden. Ob diese Wandlung allerdings ohne der Einmischung der Politik möglich sein wird, ist fraglich. Ziel bleibt es den Energieverbrauch insgesamt zu 80% weltweit auf Wind- und Solarenergie umzustellen. Dazu bedarf es allerdings intelligente Lösungen. Wollen wir hoffen, dass es so möglich sein wird, dass sich die Temperatur weltweit durchschnittlich nicht mehr als 2 Prozent erhöht, und es nicht schon zu spät ist, dieses Ziel noch zu erreichen. Kritiker meinen, dass die Energieumstellung viel zu lange dauert und dadurch das Klimaziel schon jetzt nicht mehr erreicht werden kann (siehe: Ziele Pariser Klimaabkommen aus dem Jahr 2005 bei der UN-Klimakonferenz). [33]

Zunächst sehen die Zahlen für erneuerbare Energien zwar gut aus. Wir sind aber noch weit davon entfernt, dass veraltete CO_2-lastige Technologien abgelöst werden. In Deutschland soll das letzte Kohlekraftwerk erst 2035 vom Netz gehen. Länder, wie China und USA, sind zwar

---

[32] https://www.businessinsider.de/wissenschaft/wissenschaftler-koennten-eine-alternative-zu-benzin-gefunden-haben-2019-10/

[33] https://dgvn.de/veroeffentlichungen/publikation/einzel/das-un-klimaabkommen-von-paris/

sehr stark bei der Einführung neuer Energiearten, aber gleichzeitig benutzen sie nach wie vor auch fossile Energien. Der Ausbau der Kohleenergiekraftwerke geht in diesen Ländern nach wie vor weiter. Letztendlich werden hier durch den Einsatz erneuerbarer Energien einfach mehr Energiequellen für Heizung, Industrie, Verkehr und Transport erschlossen. Eine wachsende Bevölkerung mit großen Konsumstreben benötigte in den nächsten Jahrzehnten immer mehr Energie und so werden die neuen Windkraft- und Photovoltaikanlagen nicht dazu benutzt, Kohlekraftwerke abzulösen. Sie dienen lediglich dazu, noch mehr Energie zu gewinnen. Wenn es nicht gelingt, die explosive Vermehrung der Bevölkerung weltweit und deren Konsumansprüche zu drosseln, wird es wohl auch nicht gelingen, Energie zu sparen und mit umweltfreundlich gewonnener Energie auszukommen.

Gerade ein so großes Land, wie dir USA darf sich beim Prozess der Energiewende nicht ausschließen. Wirtschaftlich gilt hier leider nach wie vor das Ziel der Gewinnmaximierung. Die Erhaltung der Natur und Aspekte des Umweltschutzes sind sekundär. Arbeiter im Kohleabbau, werden im Wahlkampf als Wählergruppen gezielt angesprochen und der Kohleabbau wird nach wie vor weiter ausgebaut. Dies geschieht auch auf dem australischen Kontinent, wo die Bevölkerungen noch mehr vom Klimawandel und extremen Hitzeperioden bedroht ist. Wenn immer nur nach Gewinnmaximierung durch das Ausbeuten von Ressourcen geschielt wird, kann der Klimawandel nicht aufgehalten werden.

Es geht bei all den Aspekten der Energiewende auch nicht nur um eine Umstellung der Energiegewinnung, es geht vor allem auch um das Einsparen von Energie. Die Menschheit muss weltweit ihren Energieverbrauch drosseln. Viel zu viel Energie wird wegen eines unvernünftigen Umgangs mit Energie verbraucht. Im Sommer laufen in den heißen Ländern die Klimaanlagen auf Hochtouren. Anstatt architektonisches Wissen einzusetzen, wie Häuser klimagünstiger konstruiert werden können, verschleudert man Energie.

Es werden Zentren des Tourismus in extrem heißen Erdregionen und Glücksspielstätten, wie Las Vegas, in der Wüste angelegt. In Dubai werden künstliche Inseln im Meer geschaffen, indem man aus ärmeren Ländern den benötigten Sand aufkauft. In den riesigen Hotelanlagen, die nach dem Vorbild von Las Vegas gebaut wurden, werden Gäste aus aller Welt angelockt, die dann in den vollklimatisierten Unterkünften Unmengen an Energie verbrauchen. Und die anderen Golfstaaten ziehen nach. Auch Katar, Bahrain, Oman und die Arabischen Emirate wollen am Touristenboom teilhaben. Aber auch in unwirtlichen Kältegebieten wie Sibirien wurden Menschen angesiedelt. Dort gibt es extreme Winter und die Menschen müssen monatelang extrem heizen, zumeist mit Kohle oder Gas. So geht unsäglich viel Energie verloren und die Erde erhitzt sich weiter.

Wir verschiffen Waren mit enormen Transportkosten und Einsatz von Energie rund um die Welt, bevor sie beim Verbraucher ankommen. Warum produzieren wir die Waren nicht im Lande, wenn dies möglich ist? Warum essen wir nicht Nahrungsmittel, die regional angebaut werden? Allein der Energieverbrauch für das unsinnige Umherschiffen von Waren ist immens. Hier könnten Millionen Liter Erdöl gespart werden. Wenn nichts passiert, ist dies äußerst bedrohlich für den Planeten. Der CO_2-Ausstoß wird dann trotz Ausbau alternativer, umweltschonender Technologien weiter wachsen.

Wollen wir hoffen, dass sich die Politiker weltweit von der Notwenigkeit der Energieeinsparung überzeugen lassen. Momentan herrscht in der Politik mancher Länder keinerlei Gespür für Umweltthemen vor. Bislang stehen nur die Erzeugung von mehr Energie und das Wachstum der Wirtschaft im Vordergrund. Das Fatale ist, dass Länder wie China nicht nur im eigenen Land weiterhin neue Kohlekraftwerke errichten, sondern, dass sie weltweit Gelder in den Bau von Kohlekraftwerken investieren werden, zum Beispiel auch in afrikanischen Staaten, wo man viel besser Solarenergie einsetzen könnte. Innovative Projekte, afrikanische Dörfer, die bislang ohne Strom sind, mit kleinen Solaranlagen auszurüsten und mit Strom zu versorgen, werden nicht weiter unterstützt. Damit wäre der Bevölkerung schnell und kostengünstig geholfen und die Umwelt könnte geschont werden.

Leider sind solche Kleinprojekte oft nur durch den Einsatz von Entwicklungshilfe- und Spendengeldern möglich An solchen Projekten kann nicht genug Gewinn für große Investoren oder Konzerne abgeschöpft werden. Die Wirtschaftsunternehmen und Landespolitiker haben deshalb kein Interesse an diesen Kleinprojekten. Es wird zu wenig verdient. Die Millionen, die für Entwicklungshilfe von den reichen Staaten an die ärmeren Länder fließen, könnten in solchen kleinen Projekten einen wesentlich größeren Nutzen für die Menschen und die Umwelt entfalten. Wollen wir hoffen, dass sich hier zukünftig etwas tut. Es sollten nicht nur Großprojekte, wie der Bau von Staudämmen und von großen Kraftwerken, vom internationalen Währungsfond, von der Weltbankgruppe[34] und von privaten Investoren mitfinanziert werden, sondern auch die kleinen Projekte, die den Menschen direkt vor Ort helfen ohne große Investitionskosten und ohne jahrzehntelange Vorlaufzeit.

---

[34] https://www.bpb.de/politik/wirtschaft/finanzmaerkte/ 55457/iwf-und-weltbank

Die Elektromobilität und neue Konzepte

Die Automobilindustrie und andere Mobilitätsbranchen setzen zukünftig auf energiesparende und elektrische oder wasserstoff-betriebene Fahrzeuge ohne CO_2-Ausstoß. Hier ist nur die Frage, wie lange es noch dauert, bis diese neuen Technologien ausgereift sind und die veralteten umweltschädlichen Technologien ablösen können. Bislang verursacht die Herstellung von Elektroautos mehr Umweltschäden, als die Herstellung herkömmlicher Benzin- oder Dieselfahrzeuge. Experten des ADAC gaben im Oktober 2019 an, dass die Elektroautos erst nach rund 127.500 Kilometern oder 8,5 Betriebsjahren ein Auto mit Benzinmotor in der Umweltbilanz überholen, bei Dieselfahrzeugen ist dies sogar erst nach ca. 219.000 Kilometern oder 14,6 Betriebsjahren der Fall.[35] Aber es gibt gute Zukunftsaussichten: Mit immer besseren Akkus, die auch länger einsatzfähig sind und mit dem Verwenden von Ökostrom bei der Herstellung der Elektroautos, als auch beim Aufladen verbessert sich die Treibhausgasbilanz der Elektroautos.

Für die Batterien wird allerdings Lithium benötigt, das auf ausgetrockneten Salzseen im Grenzgebiet von Chile, Argentinien und Bolivien gewonnen wird. Dabei wird Wasser hochgepumpt, das so salzig ist, dass man es weder für Trinkwasser noch für die Landwirtschaft verwenden kann. Allerdings fließt auch das Grundwasser aus den umherliegenden Regionen nach und so senkt sich der Grundwasserspiegel der gesamten Umgebung, was für die indigene Bevölkerung zu extremen Problemen führen kann, da meilenweit kein Wasser mehr als Trinkwasser oder für die Landwirtschaft zur Verfügung steht. Die Kontamination des Süßwassers wird durch das Umpflügen des Bodens verursacht, bei dem das Salzwasser mit dem Süßwasser zusammenfließt. Auch die Luft und der Boden werden durch frei gelagertes Natriumhydroxyd, das man zur

---

[35] https://presse.adac.de/meldungen/adac-ev/verkehr/elektroautos-mit-schwerem-klima-rucksack-unterwegs.html

chemischen Behandlung von Lithium verwendet, verunreinigt.[36] Es gibt heute schon Lösungsansätze, wie man das bei der Lithiumförderung verdunstete Wasser abscheiden und nutzbar machen könnte. Aber solche Zusatzprozesse würden den Rohstoff Lithium teurer machen und die Minenbetreiber scheuen die Kosten.

Da Lithium nicht nur für die Batterien von Autos, sondern vor allem auch für die Akkus von Laptops, Handys und Tablets verwendet wird, sollte man rasch Lösungen finden, bevor ganze Regionen unbewohnbar werden. Es kann nicht sein, dass die Profitgier und die Unachtsamkeit von wenigen Minenbetreibern der Grund sind, dass ganze Bevölkerungsgruppen, wie zum Beispiel die Kollas in der Hochwüste Puna ihre Lebensgrundlage verlieren. Wenn im Bundestag Gesetze beschlossen werden, dass der Kauf von Elektroautos, dessen Batterien ca. 10 Kilogramm Lithium benötigen, mit Steuergeldern gefördert wird, sollten die grünen Politiker sich doch auch um die Bevölkerung der Länder kümmern, wo die Umwelt durch den Abbau von Lithium nicht mehr bewohnbar wird.

Problematisch für die Umwelt und die dort lebenden Menschen ist auch die Förderung von Kobalt, das ebenso bei der Produktion von Elektroautos benötigt wird. In Gebieten im Kongo schuften rund 20.000 Kinder in den Minen, um den Lebensunterhalt ihrer Familien zu sichern. Sie arbeiten unter menschenunwürdigen Bedingungen, mit primitiven Werkzeugen und müssen einen Großteil des verdienten Geldes an Banden abgeben, die von ihnen Schutzgeld erpressen. Auch wenn nur rund 20 Prozent des im Kongo gewonnenen Kobalts aus solchen Minen kommt, muss die Weltgemeinschaft diesen Verstößen gegen die Menschenrechte nachgehen und sie unterbinden. Manche Importeure beziehen Kobalt nicht aus Afrika, sondern aus australischen Minen. In Australien, wurde die Förderung von Kobalt in den letzten Jahren stark

---

[36] https://www.deutschlandfunk.de/lithium-abbau-in-suedamerika-kehrseite-der-energiewende.724.de.html

erhöht.[37] Auch in der russischen Föderation, Kuba, Madagaskar und Kanada gibt es Kobaltminen. Ziel ist es aber mit den neuen Elektroautomodellen den Einsatz von Kobalt zu reduzieren.[38]

Die neuen Batterien werden eine längere Laufzeit als die bisherigen haben. Dadurch könnte die Umwelt ebenfalls entlastet werden. Sonst hat man am Ende eine negative Umweltbilanz, obwohl man durch den Einsatz von Elektrofahrzeugen den CO_2-Austoß verringern wollte. Warum setzt man gerade beim Bau von PKWs ausschließlich auf Elektromobilität? Es sind auch schon andere Antriebsformen in der abschließenden Testphase.

Eine Antriebsform, die vielversprechend ist, ist der Antrieb von Fahrzeugen durch Solarzellen. Nachdem bereits Fahrzeuge getestet wurden, die zu Hause mit einer Photovoltaikanlage aufzuladen sind, werden nun schon Fahrzeuge konstruiert, bei denen die Solarzellen auch unter der Fahrt aufgeladen werden können. Das Auto wird zum flexiblen Heimkraftwerk mit Fahrfunktion. Momentan schrecken die hohen Einkaufspreise wie beim Light Year One, der von Studenten der Universität Eindhoven konstruiert und in einem Start-Up vertrieben wird, noch viele ab, ein solches Auto zu kaufen.[39] Hier ist der in München entwickelte Sono Motors, der jetzt serienreif geworden ist, wesentlich günstiger und bietet mit seinen mobilen Solarzellen eine gute Alternative zum Elektroauto. Es ist zu wünschen, dass diese neuartig konstruierten Automobile bei der Markteinführung dieselbe Unterstützung finden wie die E-Autos.

Der Güterverkehr mit LKWs verursacht fünfmal so viele Treibhausgase, wie der Schienentransportverkehr. Nach wie vor werden aber

---

[37] https://efahrer.chip.de/news/rohstoffe-fuer-e-auto-akkus-wie-kritisch-ist-die-foerderung-wirklich_101619

[38] https://efahrer.chip.de/news/kobalt-reserven-diese-laender-verfuegen-ueber-die-groessten-mengen_101115

[39] https://www.handelsblatt.com/unternehmen/industrie/auto-von-morgen/elektromobilitaet-sonnenkraftwerk-an-bord-sind-autos-mit-solarzellen-eine-alternative/24675822.html

zum Beispiel in Deutschland über 70 Prozent der Waren mit dem LKW transportiert, Tendenz steigend.[40] Das macht es offensichtlich, dass auch hier dringend Lösungen für einen umweltfreundlicheren Transport gefunden werden müssen. Vom Bundesumweltamt wurde nun eine Studie beauftragt, den Klimavorteil von Flüssiggas-LKWs zu prüfen. Dieser war jedoch mit 8 Prozent sehr gering ausgefallen.[41] Noch fehlt es in dieser Branche an wirklich guten technischen Lösungen, die zeitnah zum Einsatz kommen können. Aber die Zeit drängt. Politisch wäre zu überlegen, ob der immens große Güterverkehr nicht durch eine vernünftige Gesetzgebung einzudämmen wäre. Anstatt sinnlose Transporte von einem EU-Land ins andere noch zu subventionieren, könnte man darauf achten, dass Güter wieder mehr regional erzeugt und verbraucht werden. Der Einsatz von höheren MAUT-Gebühren könnte es finanziell attraktiver machen, mehr Warentransport auf den umweltfreundlicheren Schienenverkehr zu verlegen.

An neuen technischen Lösungen arbeitet auch die Flugzeugindustrie. Es werden neue Werkstoffe eingesetzt und neue Formen und Designs sollen dazu beitragen den Treibstoff zu senken. Das Forschungsprogramm der EU „Clean Sky 2" soll mit einer Förderung von 4 Milliarden Euro in den Jahren 2014 bis 2024 neue innovative Techniken erforschen, um den CO_2-Ausstoß beim Flugbetrieb und den Fluglärm zu reduzieren. Einige neue Flugkonzepte sind bereits in der Entwicklungsphase. Durch einen fließenden Übergang zwischen Rumpf und Tragflächen (Blended Wing Body) sollen Flugzeuge durch Aerodynamik und geringem Gewicht umweltschonender fliegen. Bauhaus Luftfahrt hat den Claire Liner konzipiert, der mit seinem Clean Air Engine Einsatz eine alternative Antriebsform vorweist, die kombiniert mit einer ungewöhnlichen Flügelform ein umweltschonenderes Fliegen ermöglicht. Das Clip-

---

[40] https://www.nabu.de/umwelt-und-ressourcen/verkehr/ strassenverkehr/gueterverkehr.html

[41] https://www.umweltbundesamt.de/themen/fluessigerdgas-lkw-haben-kaum-einen-klimavorteil

Air Flugzeug orientiert sich am Schienenverkehr. Das Flugzeug transportiert wie eine Lokomotive austauschbare Container und Anhänger. Diese neuen Flugzeuge könnten den Cargo-Verkehr in der Luft verbessern.[42] So gibt es also schon Lösungsansätze für einen ökologischen Fortschritt beim Fliegen. Es heißt jetzt die neuen Techniken umzusetzen, um so das Fliegen wieder attraktiver und umweltschonender zu machen.

Und dann ist da noch die Schifffahrtsindustrie, die mit riesigen Kreuzfahrtschiffen und Containerschiffen mit veralteter Technik heute noch große Umweltschäden produziert. Neue Technologien liegen vor, sie müssen nur zum Einsatz kommen. So wurde von dem Japaner Yoshiokata Tatsuya ein Ecoship für den Kreuzfahrtverkehr entwickelt, das mit Diesel, aber auch mit dem umweltfreundlicheren Flüssigerdgas LNG angetrieben werden kann und zusätzlich Photovoltaikzellen und Windsegel für die Energiegewinnung an Bord hat. Das soll für 40 Prozent weniger CO_2-Ausstoß sorgen.[43]

Auch bei der Containerschifffahrt ist es dringend geboten neue Gesetze zum Umweltschutz aufzustellen. Es kann nicht sein, dass die meisten Containerschiffe nach wie vor den extrem schädlichen Kraftstoff Heavy Fuel Oil (HFO) benutzen, der mit seinem Schwefelgehalt dem des Diesels um das 3500-fache übersteigt. Ganz abgesehen davon, dass die Rückstände an Land dann als Sondermüll entsorgt werden müssen. Ein mittelgroßes Containerschiff verbraucht bei voller Ladung ca. 300 Tonnen Schweröl pro Tag. Ein Wahnsinn, wenn man das auf alle Containerschiffe weltweit umrechnet. So werden von der Schifffahrt wesentlich mehr Stickoxyde und Ruß, die als zweitgrößter Klimatreiber nach CO_2 gelten, freigesetzt als das von allen PKWs und LKWs zusammen. Noch scheint hier niemand einzugreifen und den Einsatz neuer Antriebstechniken zu fordern, die sauberer, aber auch teurer sind. Der Ausstoß von Stickoxyden und Ruß könnte durch den Einsatz von Dieselkraftstoff und

---

[42] https://www.klimaschutz-portal.aero/klimaneutral-fliegen/flugzeuge-von-morgen/innovative-flugzeugkonzepte/

[43] https://mobilitymag.de/ecoship-umweltfreundliches-kreuzfahrtschiff/

der Filterung mit SCR-Katalysatoren (Selective Catalytic Reduction) schon heute um über 97 Prozent reduziert werden. Auch der Einsatz von Flüssiggas wäre umweltschonender, wenn man es schafft, bei der Gewinnung des fossilen Brennstoffes das Entweichen von Methan zu verhindern.[44]

Wie weit muss der Klimawandel fortschreiten, damit man endlich etwas tut und der sinnlosen Verschmutzung der Umwelt aus Profitgier Einhalt gebietet? Nun ist die Kreuzfahrtschifffahrt in diesem Jahr bedingt durch Corona fast zum Erliegen gekommen. Auch die Containerschifffahrt ist bedingt durch Corona in diesem Jahr zurückgegangen. Vielleicht kann so die Coronakrise mehr zum Umweltschutz beitragen als ein Gesinnungswandel bei Politik und Reedereien, der sich momentan trotz starker Umweltprobleme noch nicht abzeichnet

Natürlich kostet die Umstellung auf neue Techniken zunächst einmal Geld. Aber nicht nur die im Einsatz befindliche veraltete Antriebstechnik sorgt für eine starke Verschmutzung der Umwelt. Die internationalen Abkommen und Regelungen, die für die Automobil-, Lastkraft- und Schifffahrt gelten, berücksichtigen den Umweltschutz und die Reduktion von Emissionen noch nicht ausreichend. Wir brauchen klare Regeln weltweit, die die Einfahrten in die Häfen für Umweltsünder unmöglich machen. Momentan ist es fast unmöglich, Schiffe, die unter den unterschiedlichsten Flaggen unterwegs sind, bezüglich möglicher Umweltvergehen zu kontrollieren. [45]

Es ist auch nicht zielführend unsere veraltete Automobil- und Lastwagentechnik in Ländern der Dritten Welt und Schwellenländern anzubieten, während wir auf neue Antriebskonzepte umstellen. So werden die Emissionen in den anderen Ländern höher und global gesehen haben wir nach wie vor keine positive Umweltbilanz.

---

[44] https://www.nabu.de/umwelt-und-ressourcen/verkehr/schifffahrt/containerschifffahrt/16646.html

[45] https://www.umweltbundesamt.de/themen/wasser/gewaesser /meere/nutzung-belastungen/schifffahrt#olverschmutzung

Die Zeit drängt. Noch ist es nicht zu spät!

Neue Konzepte entwickeln sich nicht von allein. Damit die Klimaziele des Pariser Klimaschutzabkommens von 2015 eingehalten werden können, müssen nicht nur die großen Industrieländer umdenken.[46] Weltweit sollte ein Umdenken stattfinden und es müssen kreative Lösungen auch für die Länder aus der dritten Welt gefunden werden. Der Umdenkprozess darf sich nicht nur auf einzelne Themen beschränken, sondern muss alle Themen des modernen Lebens und der modernen Gesellschaft umfassen.

Nachhaltige Projekte, Start-Ups und Ecocrowd-Projekt-Plattformen[47] fordern im Internet dazu auf, unser Geld in ökologische Projekte zu investieren. Es gibt „Ökobanken", die sich auf ökologische Sparanlagen, grüne Wertpapiere und nachhaltige Angebote zur Altersvorsorge spezialisiert haben. Manche Banken schließen bei ihren Geldgeschäften Unternehmen aus, die Arbeits- und Menschenrechte verletzen oder Kinderarbeit dulden. Diese Kreditinstitute garantieren zudem, dass kein Geld in die Waffen- und Rüstungsbranche fließt und dass sie nicht mit Nahrungsmitteln spekulieren.

Diese Banken und Kreditinstitute haben momentan nur einen kleinen Anteil am Bankengeschäft. Es liegt an uns, den privaten Bankkunden, den Anteil der Ökobanken an den Finanzmärkten zu erhöhen. Oder aber wir üben Druck auf die etablierten Banken aus, dass auch sie in ihren Portfolios entsprechende nachhaltige Angebote aufnehmen. Wir können darauf bestehen, dass unser Geld nicht mehr in Rüstungsgeschäfte oder in umweltschädigende Industrien, sondern in nachhaltige Projekte und Start-Ups investiert wird.

---

[46] https://www.bmu.de/themen/klima-energie/klimaschutz/ internationale-klimapolitik/pariser-abkommen/

[47] https://www.ecocrowd.de/

Auch in der Landwirtschaft müssen sich die Bauern aus dem Würgegriff einer allmächtigen Saatgutindustrie und von den übermächtigen Einkäufern der Handelskonzerne befreien. Die Politik kann hier durch Gesetze helfen und die ökologische Lebensmittelproduktion stärken. Genauso kann sie den Einsatz von Pestiziden verbieten und das unkontrollierte Ausbringen von Gülle untersagen. Die Käufer von Agrarprodukten fordern immer mehr die Ausweitung der biologischen Landwirtschaft. Betriebe mit biologischen Anbau und Tierhaltung müssen eine höhere Unterstützung vom Staat oder der EU erhalten. Die ökologische Bodennutzung und Viehhaltung des Bio-Bauern bewirkt eine umweltverträgliche Erzeugung von Lebensmitteln und sichert langfristig ertragreiche Böden, Artenvielfalt, saubere Gewässer und eine saubere Luft. Eine Steigerung des Anteils von ökologischer Landwirtschaft hat eine positive Auswirkung auf die Natur.[48] Die Verbraucher können selbst Einfluss nehmen, indem sie immer mehr biologisch und ökologisch wertvolle Produkte kaufen und bereit sind, dafür auch mehr zu bezahlen.

Die westlichen Industrienationen leben auf hohem Niveau. Jedes nur erdenkliche Konsumgut muss überall sofort verfügbar sein. Nicht nur die westlichen Wohlfahrtsstaaten erheben diesen Anspruch. Auch die Menschen in China und Indien und in den vielen Länder der Dritten Welt möchten denselben Luxus genießen, den wir schon lange haben. Das ist nicht verwunderlich, denn unsere nimmersatte Werbeindustrie stachelt die Menschen geradezu an, immer mehr und exklusiver zu konsumieren. Erst wenn die Menschen nicht mehr nur auf den Konsum schielen und sich wieder mit den wesentlichen Dingen im Leben beschäftigen, wird sich das ändern. Dann lernen die Menschen hoffentlich wieder auch die anderen schönen Dinge des Lebens zu schätzen, die nichts kosten.

Es wird Zeit der Natur beizustehen. Wie die Heuschrecken sind die Menschen über die Erde hergefallen. Rücksichtslos wird der Wald großflächig gerodet. Kohle, Erdöl und andere Rohstoffe werden weiter

---

[48] https://www.bund.net/themen/landwirtschaft/folgen-fuer-das-klima/konventionell-vs-oeko/

abgebaut. Die Meere werden von tausenden Containerschiffen und einer riesigen Kreuzfahrtschiffflotte verschmutzt. Es zählt nur der Gewinn und wenn die Politik nicht durch strengere Umweltgesetze und Strafsanktionen eingreift, geht das immer so weiter. Die Weltmeere und unsere Atmosphäre sind dann skrupellosen Geschäftemachern ausgeliefert. Müssen erst Umweltkatastrophen und Pandemien kommen, die uns ausbremsen? Können wir nicht selbst der Gier nach immer Mehr entsagen?

Fakt ist: momentan steigt der CO_2-Ausstoß und damit der Treibhauseffekt weiter an. Dieser Effekt wird noch beschleunigt, wenn weiterhin Millionen von Bäume legal oder auch illegal gefällt werden. Viele Bäume und Pflanzen sterben auch unter der sengenden Sonne unseres aufgeheizten Planten oder aufgrund Wassermangels. Tausende Hektar Regenwald und Busch fallen inzwischen den Waldbränden, die aufgrund des heißen Klimas oder illegaler Brandrodung immer häufiger werden, zum Opfer. Aber auch in den gemäßigten Zonen Westeuropas sterben immer mehr Bäume wegen Schädlingen, wie z.B. dem Borkenkäfer, ab. In Zentralsibirien wüten Waldbrände in gigantischen Ausmaß. Die Feuer brennen seit geraumer Zeit auf einer Fläche von einer Million Hektar und können kaum gelöscht werden, da die russische Regierung die hohen Kosten für Löscheinsätze scheut. [49] Weltweit sind momentan verheerende Waldbrände und ein großes Waldsterben im Gange. Während abertausende von Bäumen, die das Kohlendioxyd in der Luft verringern könnten, wegfallen, erhöht sich in gleicher Weise der CO_2-Ausstoß in die Umwelt. Ein Teufelskreis entsteht, der Folgeschäden mit sich bringt, die nicht mehr so einfach aufzuhalten sind.

Was sind die Folgen der steigenden Luftverschmutzung und des Treibhauseffekts? Wir können sie jetzt schon in vielen Großstädten erkennen. Der Sauerstoff wird knapp und es entsteht Smog. Die Menschen wagen sich an manchen Tagen kaum mehr vor die Tür. China

---

[49] https://www.greenpeace.de/themen/waelder/verheerende-waldbraende-russland?

produziert keine Elektroautos, weil die chinesische Regierung plötzlich von Ökologen unterwandert wurde. China produziert Elekroautos, weil in vielen chinesischen Großstädten die Lage so präker war, dass die Menschen an manchen Tagen ihre Häuser nicht mehr verlassen konnten und die Nutzung von normalen PKWs drastisch eingeschränkt werden musste. Aber was passiert wenn nun plötzlich alle Menschen Elektroautos fahren möchten? Die Elektroautos benötigen, um zu funktioieren, aufgeladene Batterien. Wo sollen auf einmal die vielen Batterien und der Strom herkommen?

Der für die Elektroautos benötigte Strom kommt nicht einfach aus der Steckdose. Der Strom wird heute noch zum großen Teil von Kohle- und Atomkraftwerken hergestellt, die entweder bei der Produktion oder bei der Entsorgung Umweltschäden verursachen. Es kann also nicht die Lösung sein, einfach nur Benzin- und Dieselfahrzeuge mit Elektroautos auszutauschen. Kraftfahrzeuge mit Wasserstoffantrieb oder Solarantrieb wären Alternativen, müssen aber noch als alltagstaugliche Fahrzeuge weiterentwickelt werden. Es müssen breit gefächerte Konzepte für eine umweltschonende Mobiltät zum Einsatz kommen.

Ein großer Teil des Personenverkehr könnte durch geschickte Förderungen auf umweltfreundliche öffentliche Verkehrsmittel umgestellt werden. Aber auch die öffentlichen Verkehrsmittel wurden meist noch nicht auf neue Energieformen umgestellt. Es gibt nur in wenigen Großstädten Pilotprojekte. Um den öffentlichen Nahverkehr attraktiver zu machen fehlen Anreizsysteme, wie günstige Bus- und Bahntickets oder Ermäßigungen für Pendler. Dazu müsste eine gute Versorgung mit öffentlichen Verkehrsmitteln auch auf dem Land sicher gestellt werden. Doch diese Umstellungen wurden jahrelang vernachlässigt, dafür waren keine öffentlichen Mittel da. Jetzt ist es schwierig kurzfristig wieder mehr Angebote im Nahverkehr zu schaffen.[50] Der Fernverkehr der Bahn könnte ebenso ausgebaut und

---

[50] https://www.umweltbundesamt.de/themen/verkehr-laerm/nachhaltige-mobilitaet/oeffentlicher-personennahverkehr

attraktiver werden mit entsprechenden Angeboten, günstigen Preisen und einer guten Anbindung an den Nahverkehr.

Aber nicht nur der Staat und die Kommunen sind gefragt, hier Lösungen anzubieten. Auch Privatinitiativen sind gefragt. So können z.B. Autos gemeinsam benutzt werden. Carsharing und gemeinsame Fahrten zur Arbeit müssten steuerlich attraktiver und möglich gemacht werden. Auch der Güterverkehr sollte mehr noch vom LKW auf die Bahn umgestellt werden. Hier wurden aber jahrelang keine Investitionen getätigt, so dass ein Umstieg auf das jetzt schon überlastete Streckennetz der Bahn kaum möglich ist. Wenn wir mehr über die Schienen transportieren könnten, würden wir zusätzlich Flächen für Autobahnen einsparen und könnten viele Verkehrsstaus mit den negativen Auswirkungen auf die Umwelt vermeiden.

Für den Ausbau von Flughäfen und für den Kohleabbau darf keine Waldrodung und Flächenversiegelung mehr genehmigt werden. Kämpfen wir dafür! Es müssen neue innovative und vor allem schnell umsetzbare Lösungen für unseren Verkehr und für das Transportwesen gefunden werden. Auch hier ist es an uns, Druck zu machen auf die Politik. Fordern wir umweltfreundliche Lösungen von den Politikern und den Unternehmern ein!

Die aktuelle Situation mit Stickoxyden und Feinstaubbelastung fordert intelligente Lösungen, die ganzheitlich gedacht werden und sich von den alten Denkansätzen loslösen. Es gibt von der Politik Ansätze für nachhaltige Mobilitätskonzepte. Leider werden die nur zögerlich und mit großen zeitlichen Vorschub in Angriff genommen. [51] Zubetonierte Landschaften, vollgestopft mit Blechlawinen, die sich von A nach B und zurück bewegen, könnten vermieden werden. Es ist nicht nötig, partylaunige Touristen weltweit zu den Urlaubszielen mit Preisdumping-Flügen zu bringen. Menschen, die zur Arbeit fahren, sollen in die Lage versetzt werden öffentliche Verkehrsmittel zu nutzen oder auf alternatve Verkehrsmittel zurückzugreifen. Auch die Arbeit im

---

[51] https://www.bmu.de/themen/luft-laerm- verkehr/verkehr/

Home Office sollte diskutiert werden. So entfällt die Rush Hour und die Menschen können effektiver und entspannter arbeiten.

Mit etwas Organisationstalent können wir auf den Kauf eines Zweitwagens verzichten. Ein Auto reicht und das muss uns von A nach B bringen. Das Auto sollte kein Statussymbol mehr sein. In den Städten können wir vielleicht komplett auf ein Auto verzichten. Die Politik sollte günstige Tickets für Bus und Bahn bereitstellen. Sie muss auch Vorgaben für die Automobilindustrie machen, dass kleinere Fahrzeuge hergestellt werden, die weniger Sprit brauchen und neue Technologien nutzen. Auf den Autobahnen können Kilometerbegrenzungen dazu führen, dass die Raserei aufhört. Und schon schlagen wir zwei Fliegen mit einer Klappe! Wir verbrauchen weniger Energie und sparen die Investition für teure Fahrzeuge. Dadurch haben wir mehr Zeit für die schönen Dinge des Lebens, da wir weniger arbeiten müssen, um die teuren Autokredit abzuzahlen und das Benzin zu kaufen. Das wird der mächtigen Automobilindustrie und Öl-Lobby nicht gefallen, aber uns macht es reicher. Wir haben weniger Stress und mehr Zeit für uns und unsere Familien.

In vielen Metropolen gibt es zu wenig reine Luft zum Atmen. Hier muss bereits der Autoverkehr zeitweise reduziert oder eingestellt werden. Wollen wir weiterhin mobil bleiben, so kann uns nur eine „grüne Lunge" in und um die Städte helfen und der Einsatz von Elektromobilität. Bäume und Pflanzen sind überlebenswichtig. Roden wir nicht noch mehr Wälder und betonieren wir nicht noch mehr Freiflächen zu für den Städte- und Straßenbau!

Entwickeln wir intelligente Konzepte: Die Begrünung der Dächer und Häuser in den Städten und die Erweiterung der Grünflächen können helfen CO_2-Werte zu verringern. Auf den Dächern oder unterhalb der Geschäfte und Supermärkte ist genug Platz für Parkmöglichkeiten oder für den Bau von Wohnungen. Es müssen keine neuen Flächen zubetoniert werden. Engagierte Bürger begrünen ihre Balkone und rings um die Häuser werden Kleingärten angepflanzt. So kann der Sauerstoffgehalt der Luft durch Grünplanzen verbessert werden.[52]

Wir haben selbst das Ruder in der Hand, wenn es darum geht, unsere Welt zu verändern. Politiker wollen uns glauben machen, dass wir sie dazu brauchen, Entscheidungen für uns zu treffen, indem sie ständig alles teurer machen für den Bürger. So soll zum Beispiel der CO_2- Ausstoß dadurch verringert werden, dass der Bürger noch mehr „Ökosteuerabgaben" für Benzin bezahlt. Dies kommt zunächst aber vor allem dem Staatshaushalt zugute, der mit diesem Geld wieder andere Löcher im Haushalt stopft. Die Umwelt hat meist nichts davon.

Der Pendler vom Land muss weiterhin mit seinem Auto zur Arbeit fahren, denn ein funktionierender öffentlicher Nahverkehr ist meist nur in den Stadtgebieten gewährleistet. Das heißt der normale Bürger zahlt mal wieder, obwohl er selbst nichts ändern kann und auch nichts besser wird. Verschont bleiben die Politiker und Wirtschaftsbosse, die mit Chauffeur und Staatskarosse auf Kosten der Steuerzahler reisen und alle anderen Spesenreiter, die dank ihrer Position mit Dienstwagen fahren. Ihnen kann es nach wie vor egal sein, wie teuer die Benzin- und Dieselkosten sind. Hier müssen wir selbst Konsequenzen ziehen und einschreiten. Reduzieren wir unsere Fahrkilometer soweit es geht und liefern so eine positive Ökobilanz. Gleichzeitig sollten wir uns dagegen wehren, die einzige Melkkuh für staatliche Zusatzsteuern zu sein.

Es reicht allerdings bei weitem nicht, wenn sich nachhaltige Mobiltätskonzepte nur auf wohlhabende Staaten beschränken. Solange wir unsere alten Autos und Automobilfabrikanlagen in ärmere Länder verkaufen, damit man dort mit der veralteten Antriebstechnik weiterfährt, werden wir nicht viel erreichen, auch wenn wir hier alle auf Elektroautos umstellen. Es gibt Millionen von Menschen in armen Staaten, die auch gerne ein Automobil besitzen wollen. Und so werden die alten CO_2- und Feinstaubschleudern in den Großstädten von Indien, Afrika, Südamerika oder Asien gefahren und verschmutzen da die

---

[52] https://www.gruen-in-die-stadt.de/informieren/vorteile-von-stadtgruen

Umwelt. Auch das Konzept der Automobilindustrie, immer größere und leistungsstärkere PKWs zu konzipieren und auf den Weltmarkt zu bringen, ist umweltschädlich. Die reichen Nationen müssen selbst den Wandel zu kleineren energiesparsamen Fahrzeugen vollziehen und die ärmeren Länder bei ihrer Umstellung der Mobilität unterstützen.

Aber egal wie fleissig wir den CO_2-Ausstoss reduzieren, es wird uns nichts nützen, wenn weiterhin die tropischen Regenwälder, die grüne Lunge der Erde, ungehindert abgeholzt werden. Bisher haben die reichen Nationen durch ihre Nachfrage nach Edelhölzern und Palmöl und nach südamerikanischem Rindfleisch Schuld an der weitflächigen Brandrodung des Regenwaldes. Momentan sorgen korrupte Politiker und eine korrupte Polizei in Brasilien, Indonesien und an deren Ländern dafür, dass die illegalen Brandroder nicht weiter verfolgt werden. Nicht nur die Regenwälder in Amazonien[53], Indonesien und anderen Ländern benötigen Schutz, sondern auch die dort lebenden Menschen und Tiere. Es gibt viele Möglichkeiten auch im Kleinen zu helfen, z.B. durch weniger Verbrauch von Papier, Grillkohle und Tropenholz und weniger Konsum von Rindfleisch und Soja. Vor allem sollte man Waren, die mit Palmöl hergestellt werden, meiden. [54] Wenn wir uns alle zusammentun, könnten wir über Spendenaktionen gemeinsam im großen Stil Waldflächen im Ausland z.B. im Amazonasgebiet kaufen, um dort nicht nur den Regenwald, sondern auch die dort lebenden Menschen und seltenen Tierarten zu retten. Viele Menschen haben sich bereits in Organisationen zur Rettung des Regenwaldes zusammengeschlossen [55] Mischen wir uns ein und verhindern wir dadurch die Brandrodung von Wäldern! Kaufen wir keinen „Biosprit" mehr, der durch die Abholzung von Regenwäldern und den Aufbau von Palmölplantagen entsteht! Kaufen wir kein Rindfleisch und keine Sojabohnen aus Ländern, bei denen

---

[53] https://www.wwf.de/themen-projekte/wwf-erfolge/ amazonien-das-groesste-tropen-waldschutzvorhaben-der-welt/

[54] https://www.nabu.de/natur-und-landschaft/waelder/ 18882.html

[55] https://www.regenwald.org/

dafür der Regenwald zerstört wird! Wir brauchen Sauerstoff zum Atmen![56]

Eine weitere dringliche Aufgabe ist es, die Weltmeere sauber zu halten und unsere Ozeane zu schützen. Durch die Erwärmung der Ozeane entstehen ebenfalls gewaltige Risiken, die zum Klimawandel und zur Erhöhung der Temperaturen weltweit beitragen. Durch das Schmelzen des Eises in der Arktis und der Antarktis steigt der Meeresspiegel stetig an und viele Länder sind schon jetzt akut bedroht. Ihnen droht in wenigen Jahren eine Überflutung weiter Landstriche.[57] Durch die chemische Belastung der Meere und durch die enorme Verschmutzung durch Plastikmüll kommt es zu einer Verarmung der Nahrungsketten in den Meeren. Fischbestände sind bedroht und auch andere Meerestiere leiden unter der Verschmutzung der Meere. Korallenriffe wie das Barrier Reef in Australien wird es vielleicht bald schon nicht mehr geben, wenn sich die Meereserwärmung und die daraus resultierenden Prozesse nicht aufhalten lassen. Die Weltmeere haben durch die Verschmutzung und durch den stetigen Temperaturanstieg nur noch eine verminderte Kapazität zur Einlagerung von Kohlestoff. Dies führt zu einem verminderten Sauerstoffgehalt im Wasser und dazu, dass mehr gespeicherte Wärme an die Meeresoberfläche gelangt. Auch im Meer tickt eine Zeitbombe. Hören wir auf so achtlos gegenüber den Ozeanen und den Meeresbewohnern zu sein. Schließen wir uns zusammen zu Initiativen, die gegen die Meeresverschmutzung, gegen die Überfischung und gegen die Ablagerung von Plastikmüll in den Meeren vorgehen![58] Setzen wir Standards für den Schutz der Meere!

Verbieten wir welweit die Ablagerung von Müll in der Natur und die Emmission ungefilteter Luft und Abwässer in die Atmosphäre! Die Verschmutzung der Umwelt darf kein Kavaliersdelikt bleiben, das man durch das Zahlen von geringen Strafgeldern oder mit Emissionsscheinen

---

[56] https://www.regenwald-schuetzen.org/

[57] https://www.iass-potsdam.de/de/news/rettungsplan-fuer-das-weltmeer

[58] https://www.oceancare.org/de/

umgehen kann. Hier müssen Haftstrafen und hohe Geldstrafen abschreckend wirken. Entweder wir lassen die Natur wieder zu ihrem Recht kommen oder die Natur wird sich dann wieder ausbreiten, wenn der Mensch schon lange von diesem Erdball verschwunden ist. Noch haben wir die Möglichkeit unser Verhalten zu ändern. „Erst wenn der letzte Baum gefällt, der letzte Fluss vergiftet ist, dann werden wir sehen, dass man Geld nicht essen kann." Dies hat schon im Jahr 1851 der Häuptling Seattle der Duwamish Indianer vorhersagt. Heute ist nicht mehr nachvollziehbar, ob das wirklich stimmt oder ob es eine Weisheit der Cree-Indianer ist, die überliefert wurde. Was aber bleibt ist seine eindrucksvolle Rede, die Häuptling Seattle 1855 vor dem Kongress der Vereinigten Staaten hielt. In dieser Rede verweist der Häuptling auf die Achtung der Natur durch seine Landsleute und er ermahnt den weißen Mann, auch Acht zu geben auf die Natur und auf die Lebewesen, die dort leben.[59] Als hätte er kommen sehen, wie die weißen Siedler einmal sein Land in Besitz nehmen und gnadenlos ausbeuten werden. Vergleichen wir die Natur vor fast zweihundert Jahren und heute, dann sehen wir, was die Menschheit in dieser Zeit angerichtet hat.

Wie kann es gelingen, alle die vielen neuen Bewegungen, die sich um eine bessere Zukunft für unseren Planeten bemühen, zu einer großen, weltumfassenden Bewegung zu verbinden? Zu einer Bewegung, die die alten politischen und wirtschaftlichen Systeme umstürzt und die gesellschaftlichen Werte ändert? Da müssen wir bei uns selbst anfangen. Wie schon Goethe meinte: „Es gibt nichts Gutes, außer man tut es." Die neue weltumfassende Revolution beginnt bei uns selbst, im Alltag, in dem was wir tun und wie wir uns im Alltag verhalten. Erst wenn wir selbst für uns den Entschluss gefasst haben, etwas ändern zu wollen und erst wenn wir uns aus dem Käfig der täglichen Abhängigkeiten und der eigenen Hilflosigkeit befreit haben, erst dann werden wir frei sein für ein neues Miteinander. Der Mensch muss wieder die Schönheit der Natur schätzen lernen und er muss eine innere Stimme hören, die ihn zu einem friedvollen Zusammenleben drängt.

---

[59] http://www.humanistische-aktion.de/seattle.htm

Die neue Revolution ist eine friedliche Revolution. Sie kommt nicht von unten und nicht von oben. Sie ist frei von jeder Ideologie. Sie ist eine Revolution der Vernunft, des Willens zu Überleben. Es ist dringend erforderlich, dass sich die junge Generation mit der alten zusammenschließt, um neue Wege zu finden in einer Welt zu leben, die stark bedroht ist. Jahrhundertelang haben wir Menschen uns selbst und unseren Planeten ausgebeutet. Zeit und Ressourcen wurden verschwendet. Schon lange hätten wir unsere Kräfte darauf verwenden müssen uns selbst und unseren Planeten zu retten. Nun ist es Fünf vor Zwölf. Es bleibt keine Zeit mehr für abwarten, bis sich von selbst etwas ändert. Es ist Zeit zu handeln. Und sind es auch nur kleine Schritte. Es kommt darauf an, einfache, aber zukunftsträchtige Entscheidungen für sich und seine Umwelt zu treffen.

Ändern wir die Welt – jeden Tag ein Stück

Wie fange ich an? Wann fange ich an? Vielleicht gleich morgen? Viel zu lange haben wir gewartet. Wie kann ich mich und meine Familie schützen vor dem Irrsinn, der uns umgibt? Retten wir uns selbst und retten wir damit letztendlich unsere Gesellschaft und die Zukunft der Menschen! Die neue Bewegung, die die Welt ändert, fängt bei jedem selbst an. Sie startet jeden Tag neu mit immer weiter greifenden Einschnitten in unser bisheriges Leben. Diese Einschnitte und Veränderungen unseres Alltags werden uns nicht ärmer machen. Wir werden uns befreien aus dem uns auferlegten Konsumzwang, aus gesellschaftlichen Zwängen und aus vielen Abhängigkeiten, die unser Leben einschränken und uns in ein Korsett der ständigen Leistungsbereitschaft zwingen.

Unser tägliches Handeln wird die Welt verändern. Es werden sich immer mehr anschließen, bis die neue Bewegung, die von den Menschen selbst ausgeht, die alten Strukturen und Machtgefüge abgelöst hat. Wir retten nicht nur unsere Umwelt, wir retten unsere menschliche Gesellschaft, und wir retten uns selbst. Das wird einfacher und leichter sein, als wir uns das zunächst vorstellen. Um die Welt zu ändern, müssen wir bei uns selbst ansetzen. Wenn wir unsere Einstellung zum Leben und unser Verhalten umstellen, können wir Großes bewegen. Wir brauchen keine Politiker mehr, die für uns entscheiden. Wir gestalten unsere Zukunft selbst.

Wir entziehen uns dem Konsumzwang. Wir lassen uns weder unnötige Lebensmittel, noch Kleidung oder andere Konsumgüter aufzwingen. Wir müssen nicht mehr mit der Mode gehen. Wir sind uns selbst genug und können auch ohne die neuesten „Must-have" der Werbung überleben. Auf Luxusgüter verzichten wir und eine neue Bescheidenheit wird chic. Wir zeichnen uns nicht mehr durch Wirtschaftsgüter aus, die wir unser eigen nennen, sondern durch unseren Intellekt und durch unsere unvergleichbare Persönlichkeit. Wir drücken uns mit Kunst und Poesie aus, nicht mehr mit gekauften Mode-Trash und Faltencremes.

Lasst uns ein neues Selbstbewusstsein entwickeln, das uns frei macht! Lasst uns nur noch Dinge kaufen, die wir wirklich brauchen. Erich Fromm hat dieses Thema schon sehr früh in seinem Werk „Haben oder Sein" abgehandelt. Hätten wir früher auf so große Denker gehört, wären wir nicht da gelandet, wo wir heute sind. Jeder Mensch entscheidet selbst ob er sich durch die materiellen Dinge definiert, die ihn umgeben oder über das, was er leistet, was er ausstrahlt und was er für seine Umwelt übrig hat. [60]

Beim täglichen Einkauf müssen wir besser darauf achten, dass wir keine Waren kaufen, die nur aufgrund der Ausbeutung von Mensch, Tier und Umwelt so günstig in unseren Läden angeboten werden können. Teure Marken, die ihre Ware unter menschenunwürdigen Arbeitsbedingungen in Drittweltländern anfertigen lassen, sollten wir zukünftig in den Regalen liegen lassen. Wir als Verbraucher haben die Macht. Wir achten schon jetzt beim Kauf auf „Fair Trade", egal ob es sich um Kleidung, Lebensmittel oder andere Produkte handelt. Aber auch die Etiketten des Handels von „Fair Trade" und Bioprodukten müssen transparenter für uns Kunden gekennzeichnet werden. Indem wir bereit sind faire Preise für unsere Konsumgüter zu bezahlen, ändern wir die Lebensbedingungen für viele Arbeiter aus der sogenannten Dritten Welt. Wir jagen keinen Schnäppchen mehr hinterher und verbessern damit das soziale Gefüge der Welt. Geiz ist nicht geil. Unser Motto auch beim Konsum wird zukünftig „Leben und leben lassen" sein. Nur so ändern wir die ausbeuterische Produktion von Gütern zu Lasten von Menschen, die unter sklavenähnlichen Arbeitsbedingungen schuften müssen.

Allein für idiotische Werbeprospekte, die uns mit Werbebotschaften und Sonderangeboten überschwemmen, werden ganze Wälder abgeholzt. Irrsinnige Verpackungen aus Papier sollen zum Kauf animieren. Der Papierverbrauch steigt seit Jahren kontinuierlich an. Nach USA, China und Japan ist Deutschland der viertgrößte Papierproduzent weltweit. Dabei verbraucht Deutschland so viel Papier wie Südamerika und

---

[60] https://www.getabstract.com/de/zusammenfassung/haben-oder-sein/20355

Afrika zusammen. [61] Einerseits sammelt man in Deutschland das meiste Altpapier weltweit, andererseits verbraucht man hier aber auch unverhältnismäßig große Mengen an Papier.

Vor allem der Kunststoff Plastik wird weltweit zum Problem. Das Zahlen von mindestens 10 Cent für eine Plastiktüte hat den Verbrauch reduziert. Aber wir kaufen zunehmend in Plastik eingepacktes Obst oder Gemüse. Auch alle anderen Waren wie Milch, Fleisch und Fisch gibt es in den Supermärkten nur noch in Plastik, in Tetrapacks oder anderen Verpackungen. Obwohl in Deutschland Kunststoff und Plastik im „Gelben Sack" oder in der „Gelben Tonne" beim Müll getrennt werden, muss man leider davon ausgehen, dass nicht jeder Kunststoff recycelt wird. Wir sind gerade in Deutschland führend im Verbrauch von Plastik als Verpackung. Mit einem Jahresverbrauch von 25,4 kg pro Kopf haben wir in den letzten 20 Jahren unseren Plastikverbrauch verdoppelt. [62] Umweltschutz sieht anders aus. Der meiste Müll landet dann doch auf den Müllhalden oder wird verbrannt.

Führen wir die Frischetheken wieder ein, wo nicht alles in Plastik eingeschweißt werden muss! Kaufen wir mehr bei Bioläden oder beim Biobauern, am besten mit Milchkännchen und selbst mitgebrachter Verpackung. Dann können wir auf den Verpackungswahnsinn verzichten. Guter Geschmack muss nicht in Plastik eingeschweißt sein. Ganz im Gegenteil. Lernen wir wieder den ursprünglichen Geschmack einer Kartoffel, eines Apfels oder eines anderen essbaren Produktes kennen. Kaufen wir Frische, kaufen wir Produkte, die der Jahreszeit entsprechen und vor Ort angebaut werden! Haben wir wieder Spaß am Essen und werden kreativ beim Kochen! Die, die es können, pflegen ihren eigenen Garten und ernten ihr eigenes Gemüse oder halten sich Hühner und andere Nutztiere. Wir essen weniger Fleisch und ernähren uns gesünder. Frisches Obst, Gemüse und andere landwirtschaftliche Produkte aus der Region können ebenso schmackhaft sein wie exotische Früchte. Unserer Gesundheit kommt es nur zugute.

---

[61] https://www.wwf.de/themen-projekte/waelder/papierverbrauch/ zahlen-und-fakten

[62] https://www.tagesschau.de/faktenfinder/kurzerklaert/kurzerklaert-recycling-101.html

Weigern wir uns den Irrsinn einer ungezügelten Globalisierung mitzumachen! Wir müssen in Deutschland keine Trauben aus Chile essen und keinen Wein aus Südafrika trinken. Wir brauchen kein Lammfleisch aus Neuseeland, das tausende von Kilometern zu uns antransportiert wird. Warum essen die Menschen die Produkte, nicht da wo sie produziert werden? Es gibt genug hungrige Menschen in anderen Teilen der Welt. Warum müssen die armen Länder Südamerikas ihr Rindfleisch nach Europa und Nordamerika schicken? Warum produziert Deutschland Schweinfleisch in riesigen tierunwürdigen Mastanlagen für den chinesischen Markt? Dies ist ein ökologischer Irrsinn. Die Flächenrodung weltweit für immer mehr Mastbetriebe und landwirtschaftliche Nutzflächen und die Verschiffung der Waren mit riesigen Containerschiffen beschleunigen den Klimawandel. Das können wir nicht wieder einholen, auch wenn wir ab morgen alle auf unser Auto verzichten würden. Weigern wir uns die Waren aus allen Herren Ländern zu kaufen und konsumieren wir regional! So entfallen für uns die Transportkosten und die Umwelt wird geschont.

Müssen wir immer alles ganz neu kaufen, oder geht es auch einmal recycelt? Das sollten wir uns bei jedem Kauf überlegen, bei dem es auch recycelte und wiederaufbereitete Waren auf dem Markt gibt. Nehmen wir Einfluss auf den Weltmarkt über jede unserer Kaufentscheidungen. Ein Beispiel bietet der Kauf von Autoreifen. Müssen es denn unbedingt neue Reifen sein, reicht nicht ein generalüberholter Reifen auch? Die Qualität ist nicht schlechter und es wird nur ein Prozentteil des Kautschuks verbraucht, den Neureifen benötigen. So müssten weniger tropische Wälder in Thailand oder Kambodscha brandgerodet werden, um Kautschukfelder anzulegen. [63] Die Ureinwohner könnten weiter ihre Felder bestellen und müssten nicht hungern. Das Verbrennen der Altreifen würde auch nicht mehr die Umwelt belasten. So einfach geht es mit einer einzigen sogar günstigen Entscheidung beim Reifenkauf. Aber auch, wenn es um recyceltes Toilettenpapier und um recycelte Waren

---

[63] https://www.daserste.de/information/reportage-okumentation/dokus/ sendung/exclusiv-im-ersten-schmutzige-reifen-100.html

aus Glas und Metall geht, sollten wir ressourcenschonende Recycling-verfahren bevorzugen. Achten wir auch beim Kauf unserer Funktionsja-cken und Kleidung darauf, dass sie möglichst PFC-frei hergestellt wer-den und dass auch hier das meiste Material recycelbar ist.

Recycling ist das Gebot der Stunde. In den westlichen Ländern haben wir gelernt unseren Müll zu trennen. Das macht aber nur solange Sinn, wenn das getrennte Plastik oder die Blechbüchsen wieder in Recycling-anlagen zu Rohstoffen verwandelt werden. Wenn alles auf derselben Müllhalde landet, ist die Mülltrennung sinnlos. Zu verbieten ist das Ver-schiffen von Müll in Länder der Dritten Welt, wo der Müll angeblich re-cycelt werden soll. Letztendlich verschmutzt er auch hier die Umwelt oder wird ins Meer gekippt. Sämtliche Lieferungen von Altkleidern und überschüssigen Waren aus unserer Überflussgesellschaft sollten eben-falls verboten werden, um dort vor Ort die heimische Produktion zu schützen.

Machen wir mobil gegen die anderen großen Umweltsünder, gegen die Reedereien, gegen Schiffe, die nach wie vor mit Altöl fahren und somit die Luft und die Meere nachhaltig verschmutzen. Warum kann man sich nicht international über ein Verbot solchen Kraftstoffs einigen. Die hohe Ökosteuer für die Menschen, die privat einen PKW nutzen, konnte ja auch umgesetzt werden. Auch im Bereich Schifffahrt sind be-reits Konzepte vorhanden, dass Schiffe zum Beispiel mit Gasturbinen o-der anderen umweltfreundlicheren Energieformen angetrieben wer-den können. Trotzdem bleibt hier alles wie es war. Die Containerschiffe fahren unter der Flagge von Panama oder anderen Staaten der Dritten Welt und sind somit nicht zur Wahrung ökologischer Standards ver-pflichtet. Wir hätten aber durchaus Einfluss, wenn wir Schiffe, die nicht einen Mindestanspruch an umweltschonender Technik benutzen, nicht mehr in unsere Häfen einfahren lassen. Das könnten Politiker und Ver-antwortliche sehr leicht durch regionale Vorschriften durchsetzen. Aber da müssten sich die Verantwortlichen mit den mächtigen Reedereien anlegen und man müsste sich z.B. im EU-Parlament auf solche Sanktio-nen einigen. Das kann Jahre und Jahrzehnte dauern. Machen wir Druck auf unsere Politiker, der Umwelt zuliebe!

Auch die Kreuzfahrtschiffe könnten mit solchen Umweltrichtlinien auf andere Antriebsformen und auf mehr Rücksicht auf die Umwelt genötigt werden, indem man ihnen sonst die Zufahrt zu manchen attraktiven Häfen verwehrt. Ob Kreuzfahrtschiffe direkt an stark belasteten Orten wie Venedig halten müssen, steht nochmal auf einem anderen Blatt. Zum Schutze unseres Kulturerbes sollten auch hier Verbote erlassen werden. Aber hier ist politisch anscheinend niemand zuständig. Deshalb müssen wir durch unseren Boykott solcher Reisen Druck auf die Reiseveranstalter ausüben. Schon hat die Coronakrise Spuren hinterlassen, so dass das zügellose Wachstum dieser umweltschädlichen Branche erstmal gestoppt ist.

Und dann ist da noch das Thema der Vielfliegerei. Wegen der extrem hohen Umweltbelastung durch Inlandsflüge, steht hier schon lange die Diskussion im Raum, ob Inlandsflüge bzw. Kurzstreckenflüge ganz gestrichen werden. Dazu müssten Alternativen über Bahn und Fernbusse geschaffen werden, die akzeptabel sind. Die Auslandsflüge sind vergleichsweise nicht so umweltschädlich, sind aber durch die starke Zunahme der Flüge für Geschäftsreisende und Touristen in ferne Länder extrem in den letzten zwanzig Jahren angestiegen. Auch hier müsste ein Konzept geschaffen werden, das die Anzahl der Flüge reduziert und die ökologischen Ansprüche an die Flugzeugbranche und Fluggesellschaften nach oben setzt. Neue Technologien der Flugzeughersteller sind im Entstehen, werden allerdings noch zu wenig gefördert.

Aber auch hier war der Coronavirus schneller. Im Eilverfahren hat er die schier endlos wachsende Flugbranche ausgebremst. Ein starker Rückgang der Flüge und ein damit verbundener Rückgang von Bestellungen neuer Flugzeuge sind schon jetzt erkennbar.[64] Digitale Konferenzen bei Geschäftsleuten und der Urlaub im Naherholungsgebiet haben viele Flugreisen unnötig gemacht. Die Politik allerdings setzt weiterhin auf die staatliche Subvention der angeschlagenen Flugunternehmen und hofft auf ein baldiges Comeback der Vielfliegerei mit überlasteten Flughäfen. Sie setzt auf die wirtschaftliche Förderung von Flugtaxis und

---

[64] https://www.tagesschau.de/wirtschaft/rueckgang-flugverkehr-01.html

auf prestigeträchtige Raumfahrtprojekte. So werden Ressourcen an Manpower und Knowhow verschwendet, die dringend für die Entwicklung von neuen Technologien und Mobilitätskonzepten benötigt würden.

Bei Flugreisenden setzte man bislang auf freiwillige Zuzahlungen der Reisenden, um den Flug „klimaneutral" zu gestalten. Dies geschieht über ein unübersichtliches System von Ökoanbietern, die für das zusätzlich bezahlte Geld ökologische Projekte fördern. So hält sich hier die Politik erstaunlich raus bei allen Problemen, die die Vielfliegerei mit sich bringt. Auch die Versteuerung des Kerosins wird nach wie vor nicht verhandelt, obwohl eine Versteuerung von Kerosin zumindest für Inlandsflüge problemlos möglich wäre. Die Politik möchte den Luftfahrtgesellschaften nicht schaden. So wird es allerdings nicht möglich, Druck auf die Flugzeughersteller und die Fluggesellschaften auszuüben, schadstoffärmere Technologien zu entwickeln und zum Einsatz zu bringen. Ein Flug von Deutschland auf die Malediven und zurück erzeugt pro Person mehr als fünf Tonnen CO_2. Das sollten wir uns bei der Planung unserer nächsten Urlausreise vor Augen halten.

Wie können wir nun anstatt unserer Politiker, die sich dazu nicht in der Lage sehen, einen Wandel bewirken? Ganz einfach! Wir selbst verzichten von uns aus auf das Fliegen, vor allem auf Inlandsflüge. Durch die hohen Abfertigungszeiten und Wartezeiten an den Flughäfen sind wir ohnedies im Inland schneller mit der Bahn unterwegs. Wir achten auf die Notwendigkeit der Flüge, wenn wir geschäftlich reisen. Zu Zeiten der Telefonkonferenz und der Videoübertragung müssen wir nicht zu jedem Termin vor Ort sein. Bei unseren Urlaubsflügen überlegen wir, ob wir nicht auch mal einen Urlaub machen, der weniger exotisch ist, vielleicht schon in unserer Nähe oder in einem nah gelegenen Bundesland. Der Urlaub muss nicht schöner sein, nur weil wir mehr Flugkilometer hinter uns gebracht haben. Gerade bei Kurzurlauben entsteht bei langen Anfahrten häufig mehr Stress als Erholung. Gönnen wir uns selbst mehr Gelassenheit und Ruhe. Der Urlaub soll für uns da sein und nicht zum Angeben in der Firma. Kommt wirklich nur eine Fernreise für den nächsten Urlaub in Frage? Es gibt viele Alternativen.

Nicht nur der Trend zu Fernreisen, auch die exzessive Nutzung des Internets und das sinnlose Versenden von Daten und Fotos verursachen immense Umweltschäden. In Deutschland wird durch die Nutzung des Internets jedes Jahr so viel Kohlendioxyd produziert, wie der gesamte Flugverkehr erzeugt. Pro Tag werden in Deutschland rund eine Millionen E-Mails geschrieben. Dadurch fallen tausende Tonnen Kohlendioxyd an. Eine Stunde Video-Streaming erzeugt genauso viel CO_2, wie ein Kilometer Autofahren. Jede Google-Abfrage produziert 0,2 Gramm Kohlendioxyd. Da kommt bei schätzungsweise 3,45 Milliarden Google-Anfragen pro Tag ganz schön was zusammen.[65] Durch unsere exzessive Nutzung des Internets erhöhen wir den CO_2-Ausstoss ungemein. Und die Menge könnte sich in den nächsten zehn Jahren verdoppeln, warnen Forscher.

Es ist schon erstaunlich wie viel Datenmüll über das Internet gesendet wird. Das sind nicht nur sinnlose Werbeanzeigen und Newsletters, sondern das sind auch unsere eigenen Botschaften. Wie viele Fotos, die keiner sehen will, wie viele Messages, die keiner hören will, kursieren im World Wide Web? Kämpfen wir gegen den Datenmüll und fangen bei uns selbst an. Denken wir nach vor jedem Klick. Benötigen wir die Info? Wollen die anderen das von mir hören oder sehen? Viele Dinge erledigen sich auch von selbst, wenn sie nicht mehr entgegen genommen oder blockiert werden. Säubern wir zunächst unser eigenes Social Web und damit das Internet insgesamt.

Die alarmierenden Zahlen über den Kohlendioxyd-Ausstoß von Rechnern und auch die Erhitzung der Luft durch heiß laufende Rechenanlagen, die gekühlt werden müssen, sollten uns kritisch stimmen gegen den übermäßigen Gebrauch von PCs, von Mobil- und Smartphones, vom Internet und von Rechenzentren. Nutzen wir lieber auch Speichermedien die nicht online sind und damit keinen Strom verbrauchen. Tausende Werbemails, die dann als Spam in den Papierkörben der Empfänger landen, sollten verboten oder zumindest mit einer Umweltsteuer

---

[65] https://www.zdf.de/nachrichten/heute/klickscham-wie-viel-co2-e-mails-und-streaming-verusachen-100.html

versehen werden. Das Videostreaming und Abrufen von Filmen und Hörbüchern online könnte durch das Erheben von Sende-gebühren eingeschränkt werden. Zurück zum guten alten Fernsehen und zum Radio, wenn man auf Medienberieselung nicht verzichten will!

Verbieten wir den unverhältnismäßigen Verbrauch von Strom für das Erzeugen von Kryptowährungen, wie den Bitcoin. Im November 2018 lag der jährliche Stromverbrauch des Bitcoin-Netzwerks bei 45,8 Billionen Wattstunden pro Jahr, was einen CO_2-Ausstoß von ca. 22 Millionen Tonnen entspricht.[66] Um diesen Bedarf zu decken, müssen mehr als fünf Großkraftwerke das ganze Jahr hindurch auf Volllast laufen. Stoppen wir den Wahnsinn der Energievergeudung, nur damit einzelne in eine Kryptowährung investieren und damit spekulieren können.

Ob das sinnlose Verbraten von Energie mit dem Erzeugen neuer Währungen oder mit sinnlosem Datenroaming und Streaming im Netz geschieht ist letztendlich egal. Fakt ist, dass wir unsere Umwelt nicht schützen können, wenn wir das Problem nicht bei der Wurzel packen. Es ist unser Verhalten, das sich ändern muss. Jagen wir nicht jeden Mist durch das weltweite Datennetz und Googeln wir uns nicht zu Tode! Fangen wir an Verantwortung zu tragen, und sei es nur für uns selbst und unser Handeln.

Wir könnten auf so vieles verzichten, was uns sowieso nicht glücklich macht. Setzen wir unsere Energie nicht mehr dafür ein, noch mehr zu konsumieren oder noch mehr Geld auf der Bank zu horten. Wir alle sind satt. Fangen wir an zu teilen und ändern wir unsere Gesellschaft in eine humane Gemeinschaft. Teilen macht glücklich. Anderen zu helfen macht froh. Wir sind alle Menschen und könnten doch bald eine aussterbende Rasse sein, wenn wir uns weiterhin bekämpfen und es uns nicht gelingt, füreinander da zu sein. Übernehmen wir Verantwortung auch für die nächste Generation.

---

[66] https://www.zeit.de/digital/2019-06/bitcoin-kryptowaehrung-co2-emissionen-oekologischer-fussabdruck

Wenn nun jemand fragt: „Ja was soll das denn? Wenn ich alleine mich nur ändere ist das nicht genug um unsere Welt in eine bessere Welt zu verwandeln und unseren Planeten zu retten." Es gibt bereits unzählige Organisationen und Bewegungen, denen wir uns anschließen können. Wir sind schon lange nicht mehr alleine mit unserem Kampf gegen Umweltzerstörung und gegen Menschen, die anderen Menschen das Leben schwer machen. Inzwischen gibt es in unserem Land bereits Hunderttausende, weltweit Millionen, die sich auf den Weg gemacht haben. Ich habe mich entschieden auszugsweise einige der Aktionen und Bewegungen zu nennen, die sehr bekannt sind und die bereits nationenübergreifend Hilfe für Menschen, Tiere und für die Natur als Ziel haben. Außer den genannten Organisationen gibt es viele mehr, die nicht genannt werden können oder auch kleinere regionale Gruppen, die sich zusammengeschlossen haben. Sucht euch einfach eine dieser Gruppen aus und schließt euch an! Dann fühlt ihr euch nicht mehr so allein. Und vor nichts haben die Mächtigen mehr Angst, als vor selbstbewussten, aufgeklärten Bürgern, die sich zusammenschließen, um ihre Interessen zu vertreten.

Ich fange mit einer sehr bekannten Organisation für den Umweltschutz an: Greenpeace erscheint immer wieder in den Medien. Ob mit tollkühnen Aktionen mit Booten gegen Walfänger und gegen die Überfischung der Meere, ob mit Aktionen zur Rettung des Regenwaldes oder beim Überwachen des Schmelzens der Gletscher am Nordkap. [67] Die Aktionen sind vielfältig und als Mitglied kann man sich am Kampf gegen die Zerstörung unserer Umwelt entweder mit Spenden oder aktiv beteiligen.

Eine ebenso etablierte Umweltorganisation ist der WWF (World Wildlife Fund).[68] Diese Organisation gibt es bereits seit den sechziger Jahren. Sie engagiert sich für den Schutz der Wälder und der Meere. Sie macht sich stark für eine nachhaltige Landwirtschaft und einen effektiven Klimaschutz. Immer wieder erscheint diese Organisation in den

---

[67] https://www.greenpeace.de/

[68] https://www.wwf.de/

Schlagzeilen, wenn sie sich für bedrohte Tierarten stark macht. Inzwischen sammelt diese Organisation, die sich den bedrohten Pandabären als Symbol gewählt hat, viele Millionen Euro pro Jahr, die für den Schutz von bedrohten Tierarten und für den Schutz der Umwelt verwendet werden. Schauen Sie sich den Jahresbericht an, es ist beeindruckend.

Dann gibt es noch zahlreiche Tierschutzorganisationen, wie zum Beispiel PETA, die weltweit gegen die Tierquälereien kämpfen. Sie unternehmen rechtliche Schritte und Petitionen gegen die nicht artgerechte Handlung von Tieren, gegen den Missbrauch von Tieren als Arbeitstiere, als Labortiere oder zur Unterhaltung von Touristen. Sie reichen Petitionen bei Politikern ein, um die katastrophalen Zustände bei Pelzfarmen, bei Mast- und Schlachtbetrieben, bei Tiertransporten und beim Verkauf von Tieren auf den Tiermärkten anzuklagen.[69]

Auch die Organisation „Vier-Pfoten" kümmert sich mit vielen Projekten um das Tierwohl und besonders um den Schutz von Haustieren. Sie möchte, dass Menschen den Tieren mit Respekt und Verständnis begegnen.[70] Dies sind nur ein paar Beispiele für Organisationen, die sich dem Tierschutz verschrieben haben. Viele Tierheime und Tierschutzinitiativen weltweit versuchen das Los von herrenlosen Haustieren, vor allem von Hunden und Katzen, zu verbessern, indem sie die Tiere unterbringen, versorgen und an neue Besitzer weitergeben. Viele Menschen arbeiten hier ehrenamtlich und investieren ihre Freizeit, damit die verlassenen Haustiere wieder eine neue Heimat finden.

Ein Tier ist ein Lebewesen. Man soll sich keine Tiere anschaffen und dann wieder wegwerfen, wenn man ihnen überdrüssig ist. Viele Menschen sind bereits aktiv, um das Zusammenleben zwischen Mensch und Tier positiv zu gestalten. Ob Wildtiere oder Haustiere, Tiere benötigen unseren besonderen Schutz. Mit der Aktion „Rettet die Bienen" konnte in Bayern ein Volksbegehren zum Schutz der Artenvielfalt gewonnen werden, das vor allem das Bienen- und Insektensterben aufgrund einer

---

[69] https://www.peta.de/
[70] https://www.vier-pfoten.de/

zu intensiven Landwirtschaft verhindern will.[71] Nur durch gemeinsame Aktionen kann man Politiker dazu bewegen dem Artensterben Einhalt zu gebieten und den Tieren Rechte einzuräumen.

Mit den Folgen des Klimawandels beschäftigt sich die Bewegung „Fridays for Future".[72] Diese soziale Bewegung geht von Schülern und Studenten aus, die sich für möglichst schnelle und effiziente Klimaschutzmaßnahmen einsetzen. Ihre Gründerin Greta Thunberg und andere Aktivisten dieser Gruppe weltweit, machen in ihren Reden immer wieder darauf aufmerksam, dass wir schnell Änderungen herbeiführen müssen und nicht mehr warten können. Aus dieser Bewegung ist längst eine globale Bürgerbewegung geworden, bei der sich auch Wissenschaftler und viele um die Zukunft ihrer Kinder besorgte Eltern angeschlossen haben.

2018 schlossen sich Umweltschützer zur Gruppe „Extinction Rebellion" zusammen. Sie versuchen mit zivilem Ungehorsam gegen die ökologische Katastrophe anzukämpfen.[73] Diese Bewegung hat sich den Schutz der Umwelt als Ziel gesetzt, fordert aber auch humane Ziele ein. Die Gruppe befürwortet auch zivilen Ungehorsam gegen die Regierungen, wenn es um Vernichtung von Lebensraum geht.

Das Forum der Young Global Leaders [74] setzt sich mit legalen Mitteln und Diskussionen für einen respektvollen Umgang mit den Mitmenschen weltweit ein und wünscht sich eine globale, dynamische Gemeinschaft, die positive Veränderungen in der Welt umsetzen soll. Unter dem Namen „Young Global Changers" wurde ein globales Netzwerk aufgebaut, bei dem sich junge Talente zusammenschließen, um durch For-

---

[71] https://www.bund-naturschutz.de/aktionen/volksbegehren-artenvielfalt.html
[72] https://fridaysforfuture.de/
[73] https://extinctionrebellion.de/
[74] https://www.younggloballeaders.org/

schungsarbeiten in der Politik einen Paradigmenwechsel hervorzurufen. Die Wirtschaft soll mit globalem Wohlstand und ökologischer Nachhaltigkeit verbunden werden. [75]

Die Welthungerhilfe ist mit über 400 Projekten weltweit damit beschäftigt den Hunger in den armen Ländern einzudämmen. Dabei wird darauf geachtet, dass es nachhaltige Projekte sind, die die Menschen dauerhaft aus der Armutsfalle befreien. Hilfe zur Selbsthilfe ist die Devise. [76] Im Jahr 2020 ging der Friedensnobelpreis an die Organisation World Food Programme (WFP), die Welternährungsprogramme der Vereinten Nationen, zur Bekämpfung des weltweiten Hungers und zur Förderung der Ernährungssicherheit. Diese Organisation unterstützt außerdem Friedensprozesse in Krisenregionen. Im letzten Jahr versorgte sie 100 Millionen Menschen in 88 Ländern, die akut unter Hunger leiden. Es ist wichtig diesen Menschen eine Chance auf ein menschenwürdiges Leben ohne Hunger zu ermöglichen. [77]

Es gibt noch viel mehr regionale, nationale und internationale Initiativen, die versuchen die Umwelt zu schützen und einen positiven Einfluss auf unsere Gesellschaft zu nehmen. Ob es Gruppen sind, die Bäume pflanzen oder Tiere schützen, oder Gruppen, die sich für ihre Mitmenschen einsetzen, ist dabei völlig egal. Hauptsache die Menschen organisieren sich und tun etwas Sinnvolles. Inwiefern dies gesellschaftlich anerkannt wird oder ob es teilweise sogar im zivilen Ungehorsam geschieht, spielt keine Rolle, solange die Absichten der Menschen gut sind und sie nicht mit Mitteln der Gewalt durchgesetzt werden.

Jetzt ist die Zeit der Initiativen und Bürgerbewegungen gekommen, die von der Basis aus Änderungen bewirken. Die Menschen solidarisieren sich und fordern von den Politikern und Führungskräften neue

---

[75] https://www.global-solutions-initiative.org/young-global-changers/

[76] https://www.welthungerhilfe.de/informieren/ entwicklungshilfe-fortschritte-wirkung/

[77] https://web.de/magazine/politik/friedensnobelpreis-2020-world-food-programme-uno-35158860

Ziele und Strategien. Die jahrelange Selbstbereicherung und das Aus-
beuten von der Natur und den Mitmenschen muss ein Ende haben,
wenn wir weiter auf diesem Planeten existieren wollen. Die neuen
Werte müssen gelebt und schnellstmöglich umgesetzt werden.
Oberste Priorität hat dann nicht mehr das unendliche Wachstum der
Wirtschaft. In der heutigen Zeit werden andere Ziele wichtig, die un-
seren Planeten nicht zerstören, sondern retten. Das ist nötig, wenn wir
nicht riskieren wollen, dass die nächste Generation unter schreckli-
chen Umständen leben muss oder die Menschheit sich selbst aus-
löscht.

So geht es nicht weiter – was muss geschehen?

Wir sind an einem Wendepunkt angelangt. Nicht weil plötzlich die Vernunft bei den Erdbewohnern Einkehr gehalten hat und auch nicht weil die alten Laster, wie Gier, Neid und Hass endlich besiegt sind. Nein, es hat einen viel schlüssigeren Grund. Wenn wir so weiter machen wie bisher, gehen vielleicht schon 2030, spätestens aber 2050 die Lichter aus. Dann werden so viele Seuchen und Umweltkatastrophen auftreten, dass auch die reichen wohlhabenden Staaten schwer betroffen sein werden und keiner den Folgen entfliehen kann, egal ob er arm oder reich ist und in welchem Teil der Erde er wohnt. Neuartige Viren und Bakterienstämme, die Erderwärmung, das Ansteigen des Meeresspiegels, der CO_2-Ausstoß und das Waldsterben sind grundsätzliche lebensbedrohliche Probleme, die nicht vor Landesgrenzen halt machen.

Auch wenn die ältere Generation das oft noch nicht kapieren will, frei nach dem Motto, „Das haben wir doch schon immer so gemacht und alles ging gut!", ist die Jugend gerade dabei ihr Bewusstsein für die Zusammenhänge von Klimaschutz und einer lebenswerten Umwelt zu erkennen. Wir schaden mit unserer Ignoranz vor allem der nächsten Generation, deren Lebensumstände sich dramatisch verschlechtern werden, wenn nicht zeitnah etwas geschieht. Es gibt keinen Aufschub mehr. Die Probleme des Klimawandels sind bereits seit den 70er Jahren von Wissenschaftlern und Klimaforschern vorhergesagt worden (vgl. Club of Rome[78]).

Ein schwindender Regenwald, das Tauen des Permafrostbodens, umkippende Meeresströmungen und das Ansteigen des Meeresspiegels aufgrund des Rückgangs der Eisgletscher am Nord- und Südpol werden das Klima und die Wetterbedingungen weltweit komplett verändern. Wenn sich nicht schnell etwas bei unserem Verhalten gegenüber

---

[78] https://www.deutschlandfunk.de/appelle-des-20-jahrhunderts-3-die-grenzen-des-wachstums-1972.724.de.html

der Umwelt ändert, wird eine Lawine von Umweltkatastrophen über uns hereinbrechen, die das Überleben des Menschen auf unserem Planeten gefährdet. Erst werden viele Pflanzen- und Tierarten sterben, dann der Mensch. Bei vielen Menschen kam die Botschaft bereits an. Millionen von Menschen geben ihre Stimme bereits für Umweltschutz oder protestieren auf den Straßen für die Rettung unseres Planeten. „There is no planet B!". Unser Planet ist einzigartig. Wenn wir ihn nicht schützen, verlieren wir unsere Lebensgrundlage. Die Menschen werden mobil und die Politiker erkennen, dass sie, wenn sie wieder gewählt werden wollen, die Ängste der Menschen, vor allem die der jungen Menschen, nicht mehr ignorieren können.

Entscheiden wir uns für die Zukunft, oder steuern wir weiter verblendet wie die Lemminge dem Ende entgegen? Wenn es weiterhin ignoranten Politikern und den Wirtschaftsbossen gelingt, die Gefahren des Klimawandels klein zu reden, dann stehen wir schon in wenigen Jahren vor nicht lösbaren Problemen und Umweltkatastrophen. Noch ist Zeit unsere ganze Energie in eine lebenswerte Umwelt zu stecken.

Hier sind einige Punkte, die es zu ändern gilt:

• Der Einsatz des Kapitals, das bisher für die Entwicklung von Waffensystemen und der Produktion von oft unnötigen Luxusartikeln verwendet wurde, wird zukünftig in die Forschung für neue umweltfreundliche Technologien gesteckt. Dies setzt eine Friedensallianz zwischen allen Staaten dieser Erde voraus. Krieg wird abgeschafft, feindselige Handlungen geächtet. Klingt wie eine Utopie, ist aber aufgrund der prekären Situation überlebensnotwendig und nicht mehr als vernünftig.

• Kraftwerke zur Stromgewinnung, die veraltete, schmutzige und risikoreiche Technologien verwenden, werden stillgelegt. Neue Technologien werden gefördert, die auf Sonnenenergie und Windenergie setzen. Strom und fossile Energien werden eingespart, wo immer es möglich ist.

• Die Überproduktion von Lebensmitteln und Gebrauchsgütern wird drastisch eingeschränkt. Die Menschen verzichten auf unnötige Konsumartikel und Verpackungen, vor allem auf Plastik. Eine neue Leitkultur der Selbstbeschränkung und Vernunft entsteht. Humane Werte werden die Gier auf immer mehr Luxus und Konsum ablösen.

• Verkehr und Transport werden auf ein Mindestmaß zurückgeschraubt. Alle unnötigen Reisen und Transporte entfallen oder werden hoch besteuert. Es wird darauf geachtet, dass die Reiseunternehmen den Tourismus ökologisch ausrichten. Dies kann durch die Nutzung von sauberen Verkehrsmitteln und einer nachhaltigen Hotellerie und Gastronomie erfolgen.

• Die Lebensmittel werden hauptsächlich da konsumiert, wo sie hergestellt werden. Es gibt keine Subventionen mehr für das Hin- und Herfahren von Waren. Die meisten Gebrauchs- und Verbrauchswaren werden im eigenen Land hergestellt und genutzt. Hohe Umweltauflagen dämmen das sinnlose weltweite Verschiffen von Gütern über tausende von Kilometern ein. Land-wirtschaftliche Produkte werden in den Regionen verkauft, wo sie hergestellt werden. Transporte von Schlachttieren und Agrarprodukten über mehrere hundert Kilometer werden verboten.

• Der Verbraucher zeigt eine neue Bescheidenheit und Umweltbewusstsein. Durch die Macht der Konsumenten bleibt der Wirtschaft nichts anderes übrig als das Ziel der Gewinnmaximierung abzusetzen. Ein neues Ziel der menschgerechten, umweltbewussten Produktion ersetzt das alte Ziel der Gewinnmaximierung auf Kosten der Umwelt.

Auch in den Chefetagen wird auf Luxus und Statussymbole verzichtet. Der moderne Mensch verzichtet zum Wohle aller auf ein ausschweifendes, rücksichtsloses Leben, das sich nur dem eigenem Ego widmet.

• Die Gesellschaften dieser Welt besinnen sich auf gegenseitige Rücksichtnahme, Achtsamkeit und Solidarität. Auch die Wirtschaft schließt sich an und bildet zukunftsweisende Unternehmenskulturen heraus, die als Ziel einen sinnvollen Umgang mit den Mitmenschen und der Natur haben. Minimierung statt Maximierung ist die Devise für die Zukunft.

• Der Mensch lebt in Einklang mit der Natur. Er schützt alle anderen Lebewesen und Pflanzen und hört auf, die Natur immer mehr zu zerstören. Eine Rodung von großen Waldflächen ohne Wiederaufforstung wird verboten. Der Regenwald und besonders alte Wälder werden als Naturschutzgebiete vor dem Menschen geschützt. Es stehen hohe Strafen bis hin zu Haftstrafen auf Zuwiderhandlungen.

• Das Töten von Tieren in der Wildnis wird generell verboten und nur kleine Abschussquoten werden genehmigt. Die Fischfangquoten werden reduziert, dass sich die Fischbestände wieder erholen können. Plastik wird recycelt oder als Sondermüll entsorgt, damit er nicht weiter die Weltmeere verschmutzt und Meerestiere bedroht.

• Das Züchten und Töten von Schlachttieren wird streng überwacht. Wir essen weniger Fleisch. Durch ein humaneres Heranwachsen von Schlachttieren, z.B. auf dafür ausgerichtete Biohöfe, erhöht sich der Preis für Fleisch, Milch und Eier. Das ist gewollt und wird von den Bürgern akzeptiert. Nur so können langfristig Tierseuchen vermieden werden.

• Das sinnlose Quälen und Töten von Lebewesen wird weltweit verboten, wie es z.B. momentan noch mit männlichen und weiblichen Küken und bei Pelzfarmen geschieht, ebenso bei Tierversuchen für die Kosmetikindustrie oder bei unnötigen Tierexperimente in der Pharmazeutischen Industrie.

• Die Menschen schaffen Gesellschaftsordnungen, in denen jedes Kind ein Recht auf Bildung hat und entsprechend seiner Talente gefördert wird. Jeder Mensch darf als freier selbstbestimmter Mensch seine Meinung äußern. Er kann frei entscheiden und handeln, solange er andere nicht schädigt oder einschränkt. Dadurch wird eine gesellschaftliche Grundordnung geschaffen, die für neue Ideen des Zusammenlebens und des Überlebens auf dem Planeten Erde sorgt.

• Die explosionsartige Vermehrung der Bevölkerung wird gestoppt, vor allem in den ärmsten Regionen der Welt, wo die Menschen bisher Kinder als Altersvorsorge sehen. Aufgrund von Bildung, Aufklärung und sozialer Absicherung vom Staat leben die Menschen zukünftig lieber in Kleinfamilien. Der Planet Erde ist mit seinen Ressourcen für die explorative Zahl von Menschen nicht gerüstet. Die Eindämmung des Wachstums kann nur über eine vernünftige Familienpolitik erfolgen.

• Die Währungen und die Geldausgabe der Staaten werden durch ein unabhängiges Komitee überwacht, das dafür Sorge trägt, dass der Wohlstand weltweit allen Ländern zu Gute kommt. Digitale Kryptowährungen oder Währungen, die von Konzernen und Digitalunternehmen und nicht von Ländern erzeugt werden, die die Devisenmärkte unterwandern und teilweise reine Spekulationsobjekte sind, werden verboten.

- Es wird auch wieder Tauschhandel geben. Waren werden gegen Lebensmittel oder gegen Dienstleistungen oder Wohnraum eingetauscht. Man könnte auch über ein Gutscheinsystem oder andere alternative, faire und von der Gesellschaft kontrollierte Zahlungsmethoden nachdenken.

- Kreditinstitute werden angewiesen günstige Kredite vor allem an Privatpersonen und Unternehmen zu geben, die sich am ökologischen Wandel der Wirtschaft und der Gesellschaft beteiligen. Es werden Investmentfonds für ökologische Agrarwirtschaft und nachhaltige industrielle Produktion gegründet.

- Banken werden wieder Dienstleister für private Kunden und Unternehmern. Die Spekulationen von Banken auf den Finanzmärkten werden untersagt, so dass der Steuerzahler auch nicht mehr für Verluste der Banken haften muss. Die Gewinne aus Kapitalgeschäften müssen transparent gemacht und versteuert werden.

- Es werden nur noch langfristige und seriöse Anleger an der Börse geduldet. So kann niemand mehr mit der Not anderer Menschen Geschäfte machen. Spekulationen an der Börse und der Kauf von Optionen werden verboten oder hoch besteuert. Die Zeiten von Hedgefonds sind vorbei. Es gibt keine Geschäfte mehr auf Kosten und zum Schaden der Allgemeinheit.

- Es gibt keine Finanzschlupflöcher mehr. Gewinne aus Finanztransaktionen, Produktion und Verkauf von Waren, Aktiengeschäften und Immobilienverkauf werden genauso besteuert wie die Einkommen von Arbeitnehmern.

- Überlebenswichtige knappe Güter wie Trinkwasser bleiben kostenfrei für jeden und werden nicht Privateigentum weniger. Reiche Länder und Unternehmen unterstützen ärmere Länder, damit die Bevölkerung auch dort eine Zukunftschance und eine Aussicht auf Bildung und einen Arbeitsplatz hat. So wird die ständig steigende Zahl von Flüchtlingen eingedämmt.

- Das Wegwerfen von nicht benötigten Lebensmitteln und Waren wird verboten und unter Strafe gestellt. Zu viel produzierte Ware muss an Bedürftige abgegeben werden. Überschüssige Ware darf nicht einfach vernichtet werden. Es werden hohe Strafen für die Vernichtung von Lebensmitteln erhoben.

- Die Regierungen aller Länder erlassen Gesetze zur Schonung der Umwelt. Die landwirtschaftlichen Betriebe werden weltweit streng überwacht, dass Sie ohne Giftstoffe produzieren und Rücksicht auf sauberes Grundwasser nehmen. Produzierende Betriebe achten auf Müllvermeidung und senken die Emissionen. Die umweltbelastende Förderung von Erdöl, Erdgas, Lithium, Kobalt und anderen Rohstoffen wird international nach Umweltsündern überwacht und es werden bei Umweltskandalen international Sanktionen verhängt, die abschrecken.

- Die moderne Sklavenarbeit wird beendet. Die Rohstoffgewinnung und der Anbau von landwirtschaftlichen Produkten, sowie die Fertigung von Waren in Fabriken müssen unter menschenwürdigen Zuständen geschehen. Waren werden nur noch von Ländern eingekauft, die Mindestlöhne, geregelte Arbeitszeiten mit freien Tagen und Urlaub für die Mitarbeiter garantieren.

Dies sind nur einige wichtige Punkte, bei denen sich schnell ökonomisch und ökologisch etwas ändern kann. Wenn wir uns weltweit umsehen, liegt bis dahin ein steiniger Weg vor uns. Nach wie vor werden Wirtschaftsunternehmen und die Politik hauptsächlich von Menschen gesteuert, die das Prinzip des Miteinanders als wichtige Grundlage für das Überleben der Menschheit noch nicht erkannt haben. Hier regiert die Gier nach immer mehr Macht und nach Geld.

Das gegenwärtige Verhalten der Mächtigen lässt wenig Hoffnung auf Besserung aufkommen. Anstatt mit aller Kraft neue Gesellschaftsstrukturen, Technologien und Märkte aufzubauen, um Umweltkatastrophen durch den Klimawandel zu verhindern, beteiligen sich ganze Nationen an der weiteren Zerstörung unseres Planeten. Jeder versucht das meiste für sich heraus zu holen, ohne Rücksicht auf Menschen, Tiere und auf die Natur, die uns umgibt. Lange wird das so nicht mehr gut gehen. Wir sind die Generation, die es in den Händen hält, wie es auf unserem Planeten weitergeht. Tragen wir mit unserem persönlichen Eintreten für Umweltschutz und mit unserem Konsumverzicht dazu bei, dass unser Planet bewohnbar bleibt! Helfen wir den Menschen, die unter Dürre und Mißernten leiden, zu überleben! Hören wir auf mit Waffenexporten, die dazu mißbraucht werden, immer neue Kriege anzuzetteln! Sorgen wir dafür, dass nicht immer wieder Menschen zur Flucht aus ihrer Heimat gezwungen werden! Sichern wir den Weltfrieden und unseren Wohlstand und setzen wir nicht leichtfertig alles aufs Spiel!

Die Hoffnung stirbt zuletzt

Viel zu lange sehen wir zu, wie skrupellose Wirtschaftsbosse und eiskalte Politiker mit unserer Gesundheit und mit dem Überleben auf unserem Planeten spielen. Als gäbe es kein Morgen betreiben sie den Ausverkauf der Ressourcen, die uns allen gehören. Manche Politiker leugnen nach wie vor den menschgemachten Klimawandel. Es gibt viele dunkle Geschäfte bei der Müllentsorgung und bei den Emmissionen von Schadstoffen. In den ärmsten Ländern Afrikas, Asiens und Südamerikas wird auch heute noch aufgrund kurrupter Politiker und durch dem Einfluss gewinnorientierter Konzerne aus dem Ausland keinerlei Rücksicht auf die Menschen und die Umwelt genommen. Niemand greift ein und auch EU-Politiker, die sich gemeinschaftlich für einen Schutz der Umwelt ausgesprochen haben, scheinen hier zu versagen oder halten sich einfach heraus.

Eine aktuelle Warnung von Greenpeace e.V. stellt klar, dass das von der EU beabsichtigte Handelsabkommen Mercosur mit einigen Ländern Südamerikas zu einer weiteren skandalösen Abholzung des Regenwaldes im Amazonasgebiet führen wird. Die Devise lautet „Fleisch gegen Autos". Die EU-Kommission will von den Ländern Argentinien, Uruguay, Paraguay und Brasilien noch mehr Fleisch, Soja und Bio-Ethanol einführen. Es werden Zölle gesenkt und europäische Firmen versprechen sich gute Chancen noch mehr Autos, Maschinen und Chemieprodukte zu exportieren. Auf die Umwelt nimmt da keiner Rücksicht.[79]

Skrupellose Politiker wie der brasilianisch Präsident Bolsonaro geben den Farmern und Großgrundbesitzer freie Hand, weitere Flächen des

---

[79] https://www.campact.de/handelspolitik/amazonas-brennt-mercosur-stoppen/

Regenwaldes zu brandroden und Palmölplantagen, Sojaanbau und Rinderfarmen anzusiedeln. Dabei werden die Rechte indigener Völker auf den Schutz ihrer Gebiete missachtet. Im Jahr nach dem Amtsantritt des brasilianischen Präsidenten sind die Abholzungen um 30 Prozent angestiegen. Die Strafen für Umweltverbrechen und illegale Brandrodungen wurden in Brasilien unter der neuen brasilianischen Regierung gering gehalten oder nicht weiter verfolgt. Auch in anderen Ländern Südamerikas wird der Regenwald zu wenig geschützt.

Trotz dieser verheerenden Zustände wird von der EU weiterhin das Zustandekommen des Freihandelabkommen Merkosur vorangetrieben, das der weiteren Ausbeutung und Abholzung des südamerikanischen Regenwaldgebietes Vorschub leisten wird. Profitieren werden die Großagrarbetriebe und Konzerne. Die Menschen vor Ort stehen sprachlos der Zerstörung ihres Lebensraumes gegenüber, denn für den steigenden Export von Rindfleisch und dem Anbau von Soja muss nun noch mehr Weideland geschaffen werden. Der Amazonas Regenwald ist 6 Millionen Quadratmeter groß und erstreckt sich über neun Länder. Er speichert nahezu 80 bis 120 Milliarden Tonnen Kohlenstoff. Heute wird die Fläche des Regenwaldes weiter reduziert. Schon heute sind 71 Millionen Hektar des brasilianischen Regenwaldes zerstört, was fast 20 Prozent der urspünglichen Fläche entspricht. Allein in den letzten 20 Jahren wurden 40 Prozent dieser Flächen gerodet. Der Teufelskreis des Treibhauseffektes ist im vollen Gange. Schon heute kollabiert die grüne Lunge des Regenwaldes. Durch die Brände wird mehr CO_2 freigesetzt, als wieder in Sauerstoff umgewandelt werden kann. Eines ist jetzt schon sicher: Zerstören wir den Regenwald als CO_2-Speicher, dann werden wir den Kampf gegen den Klimawandel verlieren.[80]

---

[80] https://www.greenpeace.de/themen/waelder/ueberholspur-der-zerstoerung

Im Herzen Brasiliens machen riesige Agrarbetriebe mit illegaler Abholzung. Betrug, Zwangsarbeit und Gewalt gegen die einheimische Bevölkerung Schlagzeilen. Die Felder gehen inzwischen bis in die brasilianische Savanne und man raubt immer mehr Kleinbauern ihr Land. Der Cerrado ist die artenreichste Savanne der Welt. Aber Großfarmen vernichten hunderttausende von Hektar dieses schützenswerten Gebiets. Wenn niemand einschreitet veschwindet die Savanne ganz. Es entstehen riesige Anbaugebiete für Soja, das von amerikanischen Agrarhandelskonzernen, wie Cargill und Bunge als Tierfutter günstig aufgekauft wird. So können Fastfoodketten, wie McDonald und BurgerKing billig mit Rinderhackfleisch beliefert werden.

Wenn jetzt nicht eingegriffen wird, wird sich der Regenwald des Amazonagebiets in eine Trockensavanne verwandeln. Im Juli 2019 entstand ein trauriger Rekord: Es wurden 2.254 Quadratkilometer Regenwald gerodet, ein Anstieg von 278 Prozent. Jährlich werden zwei Milliarden Tonnen CO_2 vom Amazonas-Regenwald verarbeitet und damit ein Fünftel des Sauerstoffs weltweit erzeugt. Durch die flächendeckende Abrodung des Regenwaldes stößt allein Brasilien ca. 2 Milliarden Kubikmeter CO_2 aus, 71 Prozent davon werden durch die Landwirtschaft erzeugt.[81] Das bedeutet: anstatt CO_2 abzubauen wird immer mehr CO_2 selbst im Land produziert. Die Spirale der Luftverschmutzung dreht sich weiter.

Viele indigene Stämme werden vertrieben. Tausende von Tieren und Pflanzen sterben aus. Tun wir also was, und üben wir Druck auf unsere „umweltfreundlichen und verantwortungsvollen" EU-Politiker aus. Nicht nur die Wirtschaft soll profitieren. Vor allem geht es um das Überleben der Menschheit. Was nützt es, wenn die satten Konsumenten in

---

[81] https://www.zeit.de/wissen/2019-08/brasilien-regenwald-abholzung-rodung-amazonaswald-weltrauminstitut

Europa noch mehr Rindfleisch essen oder mit Soja gemästetes Puten-
fleisch aus Südamerika kaufen? Auch der Anbau von Mais, Baumwolle
und Soja in den Mercosur-Staaten ist nicht unproblematisch. Die Konzerne Bayer und BASF liefern tonnenweise Pestizide nach Südamerika,
die in Europa bereits verboten sind. Hier werden sie ohne gesetzliche
Kontrollen auf das Ackerland versprüht und vergiften das Grundwasser
und auch die Agrarprodukte, die gewonnen werden. Das kann nicht in
unserem Interesse sein.

Und die Bedrohung des Regenwaldes geht weiter: 10 Millionen Hektar
brasilianischer Regenwald werden von Bergarbeitern heimgesucht, die
nach Gold schürfen. Der steigende Goldpreis macht das Geschäft lukrativ und indigene Völker müssen sich nicht nur vor den Verursachern der
illegalen Waldrodungen fürchten, sondern auch vor den Bergleuten, die
in ihr Gebiet eindringen. Der Amazonas scheint weit weg, aber die
schrecklichen Verbrechen an Umwelt und Menschen gehen uns alle an.
Während der Amazonas brennt, können wir nicht auf die Gewinne aus
dem Verkauf von Autos und Pestiziden in diese Länder schielen. Sonst
sägen wir uns selbst den Ast ab, auf dem wir sitzen. [82]

Nicht nur die Rodung des Regenwaldes im Amazonagebiet ist ein großes
Problem. Auch in Indonesien brennt der Regenwald. Große Konzerne,
wie Nestle und Unilever beziehen Palmöl aus Indonesien, das sie für die
Produktion ihrer Lebensmittel und Kosmetikartikel einsetzen. Jährlich
verschwinden auch dort ca. 620 Tausend Hektar Regenwald, damit
Palmölplantagen und neue Ackerflächen entstehen können. Auch Papier wird so hergestellt und vertrieben. Jetzt schon ist die dort lebende
Bevölkerung sehr stark durch die CO_2-Emissionen aufgrund von Brandrodung in Mitleidenschaft gezogen und seltene Tierarten, wie Orang

---

[82] https://www.tagesspiegel.de/themen/reportage/amazonasbecken-brasiliens-schuerf-
wunde-die-goldsucher-im-regenwald/24506408.html

Utans und der Sumatra Tiger sind vom Aussterben bedroht. Torfböden werden durch die Rodungen frei gelegt und riesige Monokulturen enstehen. So wurde Indonesien in kurzer Zeit zu einem Land, das extrem hohe CO_2-Emissionen verursacht, anstatt durch den Regenwald eine positive Umweltbilanz zu zeigen. Wir selbst sind als Verbraucher schuld, dass es soweit kommen konnte. Palmöl steckt inzwischen in jedem zweiten Produkt, das wir im Supermarkt kaufen. Setzen wir unsere Macht als Verbraucher ein, um diesen Wahnsinn zu stoppen. [83]

Es klemmt an allen Ecken und Enden. Die übermäßige Produktion von Plastik und Kunststoffen wird ebenfalls in naher Zukunft ein Problem. Über 90 Prozent davon sind nicht recyclebar. Das heisst, sie werden auf den Mülldeponien verbrannt und erzeugen so CO_2 und andere Schadstoffe in der Luft, oder sie landen in den Weltmeeren, wo sie schon jetzt für Meeressäuger und Fische zur tödlichen Gefahr werden. Es wird prognostiziert, dass bis zum Jahr 2050 ca. 12 Milliarden Tonnen Plastikmüll in die Umwelt gelangen. Wir als Verbraucher müssen Konzerne wie Nestle, Unilever, Coca-Cola, Pepsi, Colgate, Danone, Johnson & Johnson, Mars etc. dazu zwingen, weniger Plastikverpackungen zu produzieren. Jetzt schon treiben Millionen Tonnen von Plastikmüll in den Weltmeeren. Weggeworfene Plastiktüten und Getränkeflaschen zerfallen im Laufe der Jahre zu winzigen Teilchen. Fische, Muscheln und Krustentiere nehmen diesen „Mikroplastik" mit der Nahrung auf. Dies schadet nicht nur der Fortpflanzung und dem Immunsystem der Meerestiere. Wenn der Mensch diese Tiere isst, wirkt sich das auch bei ihm negativ auf die Gesundheit aus.[84]

Aber nicht nur im fernen Regenwald und in den Weltmeeren bahnt sich eine Katastrophe an, wenn wir nicht handeln. In unseren Großstädten

---

[83] https://www.regenwald.org/themen/palmoel

[84] https://de.oceancampus.eu/cours/O99/die-ozeane-und-die-plastikbedrohung

haben wir heute schon chaotische Zustände durch die Emissionen von Kohlendioxyd und Stickstoffen. Auch Dieselfahrzeuge sind durch ihre Erzeugung von Feinstaub auf die Schwarze Liste bei Umweltaktivisten gekommen. Leider hat sich die Automobilindustrie gerade in Europa lange Zeit auf die Produktion von großen Benzinfahrzeugen und Diesel-autos konzentriert, anstatt rechtzeitig auf alterternative Antriebsfor-men umzustellen. Selbst in China werden inzwischen mehr Elektroautos produziert.

Es kann aber auch nicht die Lösung des Problems sein, einfach von Ben-zin und Diesel auf Elektrofahrzeuge umzustellen. Schließlich braucht man auch hier Strom für die Fortbewegung, der erzeugt werden muss und die Batterieherstellung bringt ebenso Umweltprobleme mit sich. Vernünftig wäre es, in Großstädten ganz auf ein Auto zu verzichten und öffentliche Verkehrsmittel, die ökologisch angetrieben werden, zu nut-zen. Auch Radwege für Fahrräder und E-Bikes müssen ausgebaut wer-den, so dass die Stadtbewohner einen Anreiz verspüren, sich umzustel-len. Wir selbst bestimmen darüber, wie stark unsere Städte von Schad-stoffen aus dem Verkehr belastet werden. Es liegt in unserer Hand un-ser Mobilitätsverhalten neu zu überdenken.

Auch für den Güterverkehr müssen neue Wege gefunden werden. Lange Transportwege sind generell bei der Auslieferung von Waren zu vermeiden. In Deutschland hat sich das Aufkommen des Güterverkehrs in den letzten 20 Jahren verdoppelt, damit war dieser Verkehrssektor 2019 für 20 Prozent des CO_2-Aufkommens verantwortlich.[85] Das Her-umfahren von Waren, nur um einige Cents beim Einkauf oder der Wei-terverarbeitung oder durch Subventionen zu sparen, muss unterbun-

---

[85] https://www.allianz-pro-schiene.de/themen/gueterverkehr/

den werden. Durch eine Konzentration des Handels auf regionale Waren kann man den Güterverkehr sofort einschränken. Das wäre natürlich nicht im Sinne florierender Speditionsbetriebe. Auch die Umstellung des Güterverkehrs auf die Bahn wäre nicht im Sinne von Speditionen, die die Waren vor allem mit LKWs transportieren. Darauf darf aber keine Rücksicht genommen werden. Schlüssige Konzepte müssen her, die das Problem eines viel zu großen Transportvolumens lösen können. Berufskraftfahrer müssen zu Dumpinglöhnen fahren, damit Konzerne und Speditionen verdienen. Am Ende kümmert sich keiner um die Probleme der Umwelt. Nach wie vor geht über 70 Prozent des Güterverkehrs über die Straße und das Verkehrsaufkommen steigt kontinuierlich an.

Und dann kommt da noch das größte Problem, das gelöst werden muss. Es ist kein ökologisches Problem, es ist ein gesellschaftliches Problem. Es geht um die Verteilung unseres Reichtums auf die Bevölkerung der Welt. Bislang geben wir uns zufrieden damit, dass es den meisten Menschen in den westlichen Industrienationen gut geht und sie nicht direkt von Armut betroffen sind. Für die Armen sorgt der Sozialstaat mit Sozialhilfe und Unterkünften. Hilfsorganisationen, wie die Tafel helfen dabei, jeden satt zu bekommen. Was auf der Strecke bleibt die Chancengleichheit bei der Bildung für Kinder, die in Armut auch in den reichen Ländern aufwachsen.

Noch mehr gilt das für die Ärmsten der Armen aus den Ländern der Dritten Welt. Es gibt zwar Hilfsorganisationen oder ein paar Euros aus dem Entwicklungshilfeprogramm einzelner reicher Länder, das reicht aber bei weitem nicht aus, um die Situation in diesen Ländern zu verbessern. Es ändert nichts an dem Umstand, dass nach wie vor Millionen von Menschen keine ausreichende Grundversorgung und keinen Zugang zu Bildung und sozialen Einrichtungen haben. [86] Es müsste generell für

---

[86] https://www.welthungerhilfe.de/informieren/themen/flucht-und-migration/

eine gerechtere Verteilung der Ressourcen und des Kapitals gesorgt werden. Es kann nicht sein, dass auch heute im 21. Jahrhundert immer noch Millionen von Menschen hungern oder in erbärmlichen Arbeitsverhältnissen wie Sklaven schuften. Es bedarf eines Weltethik-Rates, der sich dieser Probleme annimmt. Weltkonzerne müssen von den Verbrauchern gezwungen werden, die Herstellungsprozesse ihrer Waren human zu gestalten.

Kriege, die zur Machtausweitung von Despoten oder mächtigen Ländern dienen, gehören weltweit geächtet. Sie produzieren stets nur neues Leid. Hunderttausende sind weltweit auf der Flucht. Die Weltgemeinschaft muss sich gegen jegliche Art von Krieg und gegen einen Einsatz von Waffen aussprechen. Das klingt für manche unrealistisch. Aber wesentlich irrwitziger ist es, in einer Zeit akuter Bedrohung, immer weiter auf den Einsatz von Waffen zu setzen. Es ist fast tragisch, dass der Mensch seine Technologien und Kreativität nicht vielmehr zur Sicherung seines Überlebens auf dem angegriffenen Planeten Erden einsetzt. Alle uns zur Verfügung stehenden Mittel sollten wir nun einsetzen, unsere Erde lebenswert zu halten. Wenn wir nicht selbst einsichtig sind, werden große Katastrophen und menschliche Tragödien bevorstehen. Noch können wir die schlimmsten Entwicklungen aufhalten.

Das Auftreten des Coronavirus sollte uns zeigen, wie zerbrechlich unsere Sicherheit zu Überleben ist. Wenn wir schon von einem kleinen Virus so bedroht werden, wie groß sind erst die Bedrohungen, wenn das Weltklima aus den Fugen gerät. Manche Prozesse, wie das Schmelzen der Eiskappen an den Polen und der damit verbundene Anstieg des Meeresspiegels, sind schon heute irreversibel. Was muss noch alles geschehen bis wir aufwachen? Wie hoch muss der Meeresspiegel ansteigen, wie viele Länder müssen überflutet werden? Wie viele Bäume müssen abgeholzt werden, wie viele Wälder müssen verschwinden, bis wir selbst verschwinden?

Der Mensch steht nicht über der Natur. Er ist Teil der Natur und muss das wieder respektieren. Der Wahn, immer mehr zu produzieren und zu konsumieren muss aufhören, sonst entziehen wir den nächsten Generationen die Lebensgrundlage. Es kann nicht sein, dass wir uns selbst ausrotten. Alle Politiker und Wirtschaftsbosse, die das immer noch nicht einsehen wollen, gehören abgewählt. Wir haben viele junge verantwortungs-bewusste Menschen, die an ihre Stelle treten können. Der Sinn und Unsinn unseres ganzen Wirtschaftssystems muss hinterfragt werden. Nicht mehr die Gewinnmaximierung in kürzester Zeit und zu jedem Preis darf im Vordergrund stehen, sondern eine nachhaltige für den Menschen und die Natur konzipierte Produktion. Halten wir zusammen, jetzt da die Welt unsere Solidarität braucht!

Der freie Markt reguliert gar nichts

Räumen wir auf mit der Legende, dass der freie Markt schon alles richten wird. Die selbstregulierenden wundersamen Kräfte der Märkte versagen oft, egal ob es sich um Ressourcen- und Warenmärkte, Fiananzmärkte, Devisenmärkte oder den Arbeitsmarkt handelt. Hier herrscht die Macht dessen, der über das meiste Kapital verfügt. So sehen wir, dass in vielen armen Ländern, oft große Vorräte an Ressourcen vorhanden sind, diese aber nicht zum Wohle der dort lebenden Bevölkerung gefördert werden. Die, die das Geld haben, bestimmen den Markt. Das sind in den Entwicklungsländern oft ausländische Investoren und Konzerne, die sich mit den Mächthabern der armen Länder zusammentun, um sich den Gewinn untereinander aufzuteilen. Fast nichts von den Reichtümern an Erdöl, Erdgas und Edelmetallen wird dazu verwendet, eine Infrastruktur und ein soziales Netzwerk im Land aufzubauen. Die Gewinne, die gemacht werden, werden zum großen Teil von korrupten Politikern und in- und ausländischen Konzernen außer Landes geschafft.

Da schlummert dann das Geld in den Banktresoren und auf den Konten weniger. Die bettelarme Bevölkerung geht leer aus. Sie bekommt weder Sozialleistungen, noch ein Grundeinkommen. Zu Hungerlöhnen muss sie in den Fabriken, auf den Feldern und in den Bergwerken schuften. Diese Menschen sind moderne Sklaven und werden auch so gehalten. Schon Kinder müssen mitarbeiten, damit die Familien überleben. Die Armut wird von Generation zu Generation weitergegeben. Keine Schulbildung, sondern Kinderarbeit ist angesagt. So hält man ein Volk gefügig und sorgt dafür, dass die Ärmsten der Armen einem ausbeuterischen Unternehmertum dienen.

Das sind die Folgen des „freien Marktes" in den Entwicklungsländern. Damit der Konsum in den wohlhabenden Staaten immer weiter ansteigen kann, müssen Millionen Menschen unter unwürdigen Arbeistbedingungen täglich schuften. Aber auch in steinreichen Staaten wie bei den erdölproduzierenden Golfstaaten sieht es nicht besser aus. Hier werden zwar der immense Reichtum und die Einküfte aus dem Export gönnerhaft zumindest zu einem kleinen Teil von den Herrscherfamilien mit der einheimischen Bevölkerung geteilt. Die Wanderarbeiter aus anderen Staaten, wie Pakistan, Indien oder den Philippinen müssen dagegen zu Hungerlöhnen auf den Baustellen ihrer Metropolen arbeiten. Auch für Haushaltshilfen und andere dienstleistende Tätigkeiten werden ganz geringe Löhne bezahlt. Die Menschen arbeiten oft komplett entrechtet, nur um zu überleben oder ein paar Dollars in ihre Heimatländer zu ihren Familien senden zu können.

Gerade, wo man im Reichtum schwelgt, sind die meisten präkeren Arbeitsverhältnisse zu finden. So finden wir diese Arbeitsverhältnisse auch auf Kreuzfahrtschiffen und in Luxushotels. Diese Unternehmen können nur mit Hilfe von Billiglöhnern ihren Service anbieten. Die Menschen reisen aus armen Ländern an und arbeiten unter der Mindestlohngrenze. Nur so kann man den Gästen so günstig so viel Komfort bieten und gleichzeitig noch viel Gewinn abzweigen. Da wird erwartet, dass der Liftboy, der Koch, der Roomservice und das Zimmermädchen Tag und Nacht zur Verfügung stehen, während man selbst die 35-Stunden-Woche fordert.

Gerade die Reichen wollen möglichst wenig an die Arbeitskräfte und an den Sozialstaat abgeben. So ist es nicht verwunderlich, dass im Laufe der Jahre Steueroasen und andere Schlupflöcher gefunden wurden, damit man sein Geld nicht mit dem gemeinen Volk teilen muss. Manche Nationen werben förmlich damit, dass in ihrem Land fast keine Steuern oder Sozialabgaben zu zahlen sind. Viele Wirtschaftswissenschaftler und Bankberater haben kein Problem damit, ihrer Kundschaft die Vorteile des freien Marktes aufzuzeigen, der angeblich keinen Eingriff von seiten der Politik benötigt. Ganz nach dem Motto „The winner takes it all!" werden Steuerschlupflöcher ausgenutzt und es wird auf Kosten der Allgemeinheit gelebt.

Die Folgen, wenn man die kapitalistischen Marktmächte frei agieren lässt, können wir uns jeden Tag in den Nachrichten ansehen. Hungernde Menschen finden wir nicht nur im Südsudan, wo Dürre und Hungerkatastrophen an der Tagesordnung sind, sondern auch in unseren „Wohlfahrtsstaaten", wo immer mehr Menschen zu den Tafeln drängen, damit sie überleben. Auch in unseren reichen Ländern gibt es Kinderarmut und Hoffnungslosigkeit und sie wächst vor allem da, wo der Staat wegsieht und die Wohlfahrt an gemeinnützige Organisationen delegiert. So feiern sich die Reichen ab und zu bei Galadiners und überreichen medienwirksam Spendenschecks für gemeinnützige Organisationen. Man gibt vor, dass man auch etwas für die Allgemeinheit übrig hat. Diese Almosen reichen aber bei weitem nicht aus.

Das Volk hat ein Recht auf Nahrung, Wohnung und Bildung. Dieses Recht muss staatlich geschützt werden und per Gesetzgebung niedergelegt sein. Sonst ist der Einzelne im Notfall immer auf die Gnade und das Wohlwollen der Reichen angewiesen. Bleibt dieses Wohlwollen aus, dann hungern die Menschen. Weltweite Flüchtlingsströme aufgrund von Armut und Hunger sind die Folgen. Ewig werden wir die Armen und Hungernden nicht von unseren vollen Töpfen fern halten können. Schon heute zerbrechen sich die Reichen darüber den Kopf, wie sie ihren Luxus gegen die immer mehr anwachsende Zahl an „Habenichtsen" verteidigen können. Wenn die Menschen nichts mehr zu essen haben und keine Zukunft mehr sehen, kann es gefährlich werden, mit oder ohne Bodyguard.

Freier Markt heißt auch, jeder kann mit Geld spekulieren, wie er möchte. Man kauft Waren auf, die knapp sind und verkauft sie an die, die sie brauchen zu einem Wucherpreis weiter. So füllt man sich die Taschen zum Leidwesen der anderen. Skrupellose Finanzhaie machen ihr Schnäppchen mit der Vermietung oder dem Verkauf von teuren Stadtwohnungen. Benzin- und Dieselpreise werden in die Höhe getrieben. Die Preise für Heizöl oder Gas steigen vor allem in den kalten Windermonaten an. Lebensmittel werden teurer und oft sind sie in den armen Ländern genauso teuer wie in den reichen Industriestaaten, obwohl die Menschen dort viel weniger verdienen. Preise für Holz und Palmöl sinken, weil eine skrupellose Holzmafia und die Plantagenbesitzer zusammen arbeiten. Zerstört wird der Regenwald mit den negativen Konsequenzen für die Umwelt. Die Kosten des Klimawandels werden dann wieder von allen getragen. Wir können nicht weiterhin so naiv sein und auf die Marktmächte vertrauen. Die Politik ist gefordert regulativ einzugreifen.

Dies ist auch dann der Fall, wenn es darum geht billige Massentierhaltung in eine humane Tierhaltung umzuwandeln. Nur wenn Preisdumping in der Fleischbranche verboten wird und die Tierhaltung vom Staat kontrolliert wird, wird sich hier etwas ändern. Und es ist völlig egal, ob es sich hier um die Schweinezucht, Rinderzucht oder die Aufzucht von Geflügel handelt. Nur ein klar definierter Mindeststandard bezüglich der Unterbringung von Schlachttieren kann eine Besserung bewirken. Es geht auch darum Kontrollorgane zu installieren und höhere Strafen für die Zuwiderhandlung auszusprechen. Gerade bei der Aufzucht und beim Schlachten von Lebewesen muss sich ein neues Bewusstsein herausbilden. Millionenfache Misshand-lungen von Lebewesen, nur um noch größere Gewinne abschöpfen zu können, machen auf Dauer auch uns krank. Denn wir essen das Fleisch, das mit Antibiotika hochgespritzt wurde, von gequälten Tieren stammt und von schlechter Qualität ist.

763 Millionen Tiere lebten und starben allein in Deutschland im Jahr 2019 in der Massentierhaltung.[87] Hier können nur gesetzliche Vorschriften eine Besserung bewirken. Unsere Gesundheit sollte uns wichtig sein. Beim Einsatz von Umweltgiften, Insektenvernichtern und chemischen Düngemitteln, bei gentechnischen Veränderungen von Saatgut und beim Anbau von Monokulturen muss der Staat eine Kontrollfunktion ausüben. Biologische Landwirtschaft und Diversifikation müssen mehr gefördert werden.

Es ist nicht erstaunlich, dass gerade bei unseren Schlachthöfen auch die Mitarbeiter unter schlimmsen Voraussetzungen arbeiten müssen. Sie werden oft über ein geschicktes System von Subunternehmen aus Billiglohnländern angestellt und in menschenunwürdigen Unterkünften untergebracht. Für sie gelten keine geregelten Arbeitszeiten und kein Mindestlohn. Auch hier ist die Fleischbranche skrupellos. Es wundert deshalb niemanden, dass die Schlachttiere, die oft kilometerweit angekarrt werden und schon halbtot am Schlachthof landen, dort noch weiter von unterbezahlten und desinteressierten Mitarbeitern gequält werden, bis eine Bolzenschussanlage sie endlich erlöst. Die dort angestellten Menschen verrohen aufgrund der unsäglichen Arbeitsbedingungen und der Gleichgültigkeit der Gesellschaft gegenüber ihrem Schicksal.

In Deutschland hat sich endlich auch der Arbeitsminister eingeschalten, da in der Coronakrise viele Mitarbeiter in Schlachthöfen aufgrund der schlechten Unterbringung an Corona erkrankt sind. Hoffentlich tut sich jetzt etwas an den Schlachthöfen, nicht nur in Deutschland, sondern weltweit. Der freie Markt hilft nicht. Er schreit nach Billigfleisch, egal wie es gezüchtet oder hergestellt wird. Klare staatliche Regeln sind zu setzen.

---

[87] https://albert-schweitzer-stiftung.de/massentierhaltung

Der vermutete Ausbruch des Coronavirus beim Wildtiermarkt in Wuhan sollte uns zu denken geben. In China hatte sich landesweit eine Branche etabliert, die auch die begehrten Spezialitäten von Wildtierfleisch anbietet. Von der Fledermaus über Schlangen bis zum Gürteltier werden Wildtiere eingefangen oder in Zuchtfarmen unter schlimmsten Bedingungen gehalten und später auf brutale Art und Weise auf einem Wildmarkt zum Kauf angeboten und geschlachtet. Jetzt nach dem Ausbruch des Corona-Virus soll den Profiteuren des millionenschweren Wildtiermarkts Geld bezahlt werden, dass Sie mit anderen Produkten zukünftig ihr Geld verdienen. Man möchte nun am liebsten diese Märkte als Seuchenherd bekämpfen. Schön wäre es, wenn dies gelänge.

Aber auch hier geschieht dies nicht durch die Kräfte des freien Marktes, denn nach wie vor gibt es Nachfrage nach diesem Fleisch und solange es Kunden gibt, gibt es Verkäufer, die damit Profit machen möchten. So etwas kann nur durch den Staat selbst unterbunden werden. Noch besser wären weltweite Verbote für den Wildtierhandel. In China, Korea und anderen asiatischen Staaten gilt Hundefleisch als Spezialität, genauso wie in Asien nach wie vor Affenfleisch verzehrt wird. Auch wenn wir als Europäer mit Schrecken solches Fleisch auf dem Speiseplan sehen, für Millionen von Asiaten ist es normal und ein Verzehr dieses Fleisches könnte nur von den Regierung dieser Länder unterbunden werden, denn Tierhilfsorganisationen haben dort wenig Einflussmöglichkeiten.

Erwachen wir aus einer Hilflosigkeit, die uns alles nachplappern lässt, was die Mächtigen der Wirtschaft gerne hören! Der freie Markt schützt uns nicht. Unsere Gesundheit wird nach und nach Opfer einer skrupellosen Erzeugermentaltität. Nur der Profit zählt in der freien Wirtschaft und der Verstoß gegen Menschenrechte ist zahlreich. Armut, niedrige Löhne, hohe Mietkosten, schlechte Nahrungsmittel gehören zum Alltag für viele Menschen. Unsere Gesundheit leidet aufgrund inhumaner Arbeitsbedingungen und der Schutz unserer Umwelt steht nach wie vor hinter den Gewinnzielen der Unternehmen.

Die Wirtschaft und die Politik sind voll mit Persönlichkeiten, die vor allem dem eigenen Ego huldigen und nicht am Wohlergehen des Volkes und am gesellschaftlichen Fortschritt interessiert sind. Fernab von altruistischen Zielsetzungen setzen diese Menschen mit ihrer unersättlichen Gier heute die Weichen für morgen. Wenn wir sie nicht aufhalten führen sie uns ins Verderben. Ihre Ziele sind eigentlich leicht durchschaubar und sie sind schon lange nicht mehr zeitgemäß. In den ersten Lehrstunden eines volkswirtschaftlichen Semesters lernen die Studenten verschiedene wirtschaftspolitische Zielsetzungen kennen, die jeweils in Konkurrenz zueinander stehen. Das bedeutet: je mehr ein Ziel bevorzugt und vorangetrieben wird, desto mehr geraten die anderen Ziele in den Hintergrund. Man nennt die Ziele auch das magische Viereck. Die Ziele sind „Angemessenes Wirtschaftswachstum", „Vollbeschäftigung", „stabiles Preisniveau" und „außenwirtschaftliches Geleichgewicht".[88]

Wenn wir uns die letzten Jahrzehnte des weltweiten Wirtschaftswachstums im Zuge der Globalisierung ansehen, dann bemerken wir, dass bei den Industrienationen vor allem das Ziel „Wirtschaftswachstum" im Vordergrund stand. Im Zuge der Globalisierung haben sich viele Länder der freien Marktwirtschaft und einem kapitalistischen Wirtschaftssystem verschrieben und auch ehemals kommunistische Staaten, wie

---

[88] https://makronom.de/neues-magisches-viereck-die-zielkonflikte-der-wirtschafts-politik

China und Russland haben ihren Kurs geändert. Es ist nicht nur ein „angemessenes Wirtschaftswachstum", das angestrebt wirde, sondern ein „Wachstum um jeden Preis".

Zugunsten von immer mehr Konsum und enormen Umsatz- und Gewinnmargen werden andere Ziele von den Wirtschaftspolitikern als eher zweitrangig behandelt. So war es vielen Politikern egal, dass viele Arbeitsplätze einfach von Maschinen und Computern wegrationalisiert wurden. Das Ziel der Vollbeschäftigung konnte sowieso nie wirklich erreicht werden. Je nach Wirtschaftslage war die Arbeitslosenquote mal höher und dann wieder niedriger. In Zeiten der Pandemie sind es auch wieder die Arbeitnehmer, die zuerst entlassen werden oder weniger verdienen.

Um die Wirtschaft anzukurbeln und am Laufen zu halten, wird auch nicht die Preisstabilität angestrebt. Die EZB Bank zum Beispiel strebt mit ihrer Geldpolitik eher ein Ziel an, bei dem eine Inflationsrate von zwei Prozent besteht. So sei die Gefahr der Deflation gebannt und das Wirtschaftsklima sei für neue Investitionen offen. Den Banken wird Geld zu einem sehr niedrigen Leitzins angeboten, der inzwischen bereits bei null Prozent angekommen ist, um auch dadurch Investitionen zu fördern. Dabei sollte uns klar sein, dass man durch so ein Verhalten auf Dauer keine Preisstabilität erreicht. Die freizügige Ausgabe von Geld fördert Inflation. Dies mag für die Wirtschaft zunächst gut sein, für den Verbraucher auf lange Sicht sicher nicht.

Das vierte wirtschaftspolitische Ziel „außenwirtschaftliches Gleichgewicht" steht bei den Industrienationen und bei den neuen aufstrebenden Ländern, wie z.B. China nicht gerade im Vordergrund. So rühmen sich Länder wie Deutschland „Exportweltmeister" zu sein und sonnen sich in dem Gefühl, immer mehr Warenwerte zu exportieren, als zu importieren. Länder wie China holen auf, die USA versucht mit dem Leitziel „America first" auch wieder ganz vorne dabei zu sein. So kommt es, dass sich manche Staaten auf Kosten von anderen Ländern weltweit als Wirtschaftsmächte etablieren. Ein Wettrennen um immer mehr Umsatz entsteht und einige Nationen, die wirtschaftlich nicht so stark sind, geraten ins Hintertreffen und in finanzielle Not, da sie bei kleinen Exportquoten die Importe nicht mehr zahlen können. Es herrscht ein Ungleichgewicht auf unserem Planeten zwischen den reichen Ländern der nördlichen Hemisphäre und den vielen armen Ländern der südlichen Hemisphäre. Dies führt in manchen Ländern zu großer Armut und zu Verschwendung den reichen Ländern.

Nun kommt ein weiteres volkswirtschaftliches Ziel, das der „gerechten Vermögens- und Einkommensverteilung" ins Spiel. Man hatte begriffen, dass es dem einzelnen Bürger nichts nützt, wenn ein Land nur die bereits erwähnten vier Wirtschaftsziele im Auge hat. Was passiert aber, wenn aber das Vermögen nur in den Händen weniger bleibt und das Einkommen nicht gerecht in der Bevölkerung verteilt wird. Wir sehen das heute noch in Ländern vor allem in Afrika, Asien oder Südamerika, wo immer noch korrupte Regimes an der Macht sind und das Volksvermögen in den Händen einiger Familienklans liegt. Das Geld wird von einheimischen Herrschern oder ausländischen Konzernen außer Landes gebracht. Hier bleibt die Bevölkerung arm, auch wenn das Land selbst reich an Ressourcen und Rohstoffen ist. Und wenn dann noch der wichtige Aspekt des ökologischen Handelns und des Schutzes der Natur nicht beachtet wird, um noch mehr Gewinne für Wenige herauszuschlagen, dann droht nicht nur Armut und Hunger, dann drohen in Zeiten des Klimawandels Umweltkatastrophen und ein Endzeitszenario bis hin zum „Untergang unserer menschlichen Zivilisation".

Es steht fest, unsere Wirtschaftspolitik muss sich schlagartig ändern, damit wir weiter auf unserem Planeten existieren können und nicht irgendwann in den nächsten zwei oder drei Jahrzehnten verschwunden sein werden. Wenn wir unseren Konsum auf das Wesentliche beschränken und nur kaufen, was zum Leben notwendig ist, hören wir auf, unseren Planeten auszuplündern und geben uns und der nächsten Generation eine Chance.

Die Globalisierungsgegner haben früh erkannt, was der Wahnsinn „Globalisierung" für unseren Planeten und für unsere Gesellschaft bedeutet. Es ist Zeit, dem freien Markt Einhalt zu gebieten. Ziele wie „grenzenloses Wirtschaftswachstum auf Kosten der Umwelt" und Gewinnmaximierung sind tabu, wenn wir unseren Planeten erhalten wollen. Staat dessen müssen die Ziele Umweltschutz und gerechte Einkommensverteilung an erster Stelle stehen. Das Ziel Preisstabilität kann durch das Ziel eines „fairen Handels" weltweit ersetzt werden. Dies würde auch dem Ziel des außenwirtschaftlichen Gleichgewichts entgegen kommen.

Nationen, die Rohstoffe und Agrarprodukte einkaufen, sollen einen fairen Preis für Ihre Produkte zahlen. Nur so kann das außenwirtschaftliche Gleichgewicht zwischen den Ländern gewahrt werden. Mit „Fair Trade" könnten auch die Arbeitnehmer fair entlohnt werden. Dies führt zu einer positiven Beeinflussung des Ziels „gerechte Vermögens- und Einkommensverteilung". Die Menschen, die gerecht entlohnt werden für ihre Arbeit, erzielen ein angemessenes Einkommen und können sich so ein bescheidenes Vermögen aufbauen. Das von den Menschen erwirtschaftete Geld bleibt also nicht mehr nur in den Händen einiger Weniger.

Ein komplettes Umdenken ist nötig, damit sich die alten verkrusteten Strukturen in der Wirtschaft auflösen und neuen Ideen und Zielen Platz machen. Wirtschaftspolitiker, die nicht auf die Anforderungen einer von

Umweltkatastrophen akut bedrohten Welt reagieren wollen, müssen gehen. Es wäre das Beste, die alten Seilschaften aufzulösen und die junge Generation ins Boot zu holen. Es geht um die Zukunft der jungen Menschen, um ihr Überleben. Wir sollten darauf vertrauen, dass jüngere Menschen die Veränderungen die notwendig sind am besten in die Wege leiten werden.

Es macht keinen Sinn, dass Politiker, die das Alter von sechzig oder gar siebzig Jahren überschritten haben, immer noch das Weltgeschehen regieren. Was erwarten wir von Menschen, deren aktive Lebenserwartung nur noch zwanzig bis dreißig Jahre ausmacht. Sie sollten Platz machen für die jungen Leute, die in einigen Jahren oder Jahrzehnten ums Überleben kämpfen müssen. Alle bisherigen Ziele der Wirtschaftspolitik weltweit müssen von den politisch Verantwortlichen neu überdacht und neu ausgerichtet werden.

Der globale Welthandel torpediert die Ziele einer nachhaltigen, umweltbewussten Produktion und das Ziel einer gerechteren Vermögens- und Einkommensverteilung. Globale Investments wirken sich eher negativ auf die ärmeren Länder aus und führen zur Ausbeutung derer Ressourcen. Die internationalen Handelsabkommen sind eigentlich nur dazu da, um den Industriestaaten einen freien Verkauf ihrer hochwertigen Produkte zu sichern und um billig an Rohstoffe und Agrarprodukte aus anderen Ländern zu gelangen. Wir, die Bürger sogenannter Wohlfahrtsstaaten, haben uns lange genug das Märchen, des für alle vorteilhaften globalen Handels und des freien Marktes auftischen lassen. Befreien wir uns von den Einflüsterungen über die Vorteile der zügellosen freien Marktwirtschaft. Verwandeln wir gemeinsam mit der Politik unseren globalen Handel in einen sozialen Handel.

Handeln wir mit dem was Sinn macht und unterstützen wir uns als Nationen gegenseitig! Aber verzichten wir auf das, was nur wenige reich macht, viele dagegen arm! Nehmen wir wieder Einfluss auf das losge-löste Marktgeschehen! Freier Handel und freie Märkte sind unbere-chenbar und stützen sich auf die Ausbeutung derer, die keine Markt-macht haben. Das Kapital und kurzfristige Gewinnausschüttungen be-stimmen den Markt. Die Marktakteure handeln jenseits aller Nachhal-tigkeit und langfristiger Strategien. Wenn wir weiterhin nur das Ziel der kurzfristigen Gewinnabschöpfung verfolgen, können wir die rich-tigen Weichen für die Zukunft nicht stellen. Es ist Fünf vor Zwölf.

Die Glücksritter, die uns ins Verderben stürzen

Unser Wohlstand beruht vor allem auf der Ausbeutung von abhängigen Staaten und auf Finanzspekulationen, die bei der Weltfinanzkrise im Jahr 2008 zunächst mal ein jähes Ende nahmen. Inzwischen werden auf den Finanzmärkten aber schon wieder überall in der gleichen Form wie früher risikoreiche Geschäfte gemacht. Hier fehlen nach wie vor internationale Kontrollen und Sanktionen. Letztendlich zahlt der kleine Bankkunde die Verluste der ehemaligen großen Gewinner mit. Der Steuerzahler muss dann mit Hilfsfonds für die Rettung der Banken sorgen. Das kann so nicht richtig sein. Sollen diejenigen für die Schäden aufkommen, die sie verursacht haben, oder besser noch: legen wir denen das Handwerk, die unserer Wirtschaft und unserem Allgemeinwohl schaden!

Ganz ohne Kontrolle laufen internationale Finanzgeschäfte, da es noch nicht gelungen ist, weltweit strenge Börsen- und Bankenaufsichten als Kontrollinstanzen einzurichten. Es ist auch kaum nachvollziehbar, dass die Arbeitnehmer mit ihrer Einkommensteuer die Hauptlast der Steuern tragen. Finanzgeschäfte von Spekulanten bringen den Profiteuren Millionen von Dollar oder Euro an Gewinn ein, bleiben aber zumeist unversteuert.

Offshore-Steuerparadiese, wo Großverdiener ihr Geld verstecken, und Staaten wie Lichtenstein oder die Schweiz helfen dabei, Geld sicher zu verwahren ohne von den Finanzämtern behelligt zu werden. Gesetze zur länderübergreifenden Suche nach Steuerbetrügern und eine internationale Fahndung könnten hier weiterhelfen. Erste Gesetze wurden bereits verabschiedet, doch immer noch versickern Milliarden unversteuert bei dubiosen Banken in Ländern, die das begünstigen und daran verdienen.

Die Weltbank und der IWF müssen ihre Prioritäten ändern und ihre Kontrolle der internationalen Finanzmärkte erhöhen. Hier sind wir wieder bei der ungerechten Vermögens- und Einkommensverteilung, die nur durch eine gerechte Besteuerung weltweit und durch Abgaben der reichen Bevölkerungsschichten an die armen gewährleistet werden kann. Es wäre gut den besonders armen Ländern die Schulden zu einem gewissen Teil zu erlassen, um ihnen eine Starthilfe für eine bessere Zukunft ohne horrende Zinszahlungen und Rückzahlungsforderungen zu bieten. Die Globalisierungsgegner fordern die Einführung von Sozial-, Umwelt,- und Demokratiestandards bei internationalen Geschäftstätigkeiten von Wirtschaftsunternehmen und bei Handelsabkommen. Ein weiterer wichtiger Punkt ist die Forderung, weltweit Unternehmen und die Politik zu mehr Klimaschutz aufzufordern, damit die Ziele des internationalen Weltklimagipfels erreicht werden können und nicht noch mehr Armut durch weltweite Klimakatastrophen entsteht.

Es sind nicht nur gewissenlose Banker und Finanzjongleure, die unser Geld wie am Roulettetisch für immer durchtriebenere Options- und Geldverleihgeschäfte aufs Spiel setzen. Es sind die ganz alltäglichen Glücksritter, die kleinen Aktionäre und Besitzer von Fondsanteilen, die immer wieder versuchen zum Kosten der Allgemeinheit einen Gewinn zu machen. Betrachtet man die Aktienmärkte, so sieht man, dass die Werte, die Aktien annehmen nicht immer nachvollziehbar sind. Oft steckt nicht ein Unternehmenswert hinter der Aktie, sondern vielmehr die Spekulationen auf einen Gewinn oder einen Verlust.

Nehmen wir ein Beispiel aus der jüngsten Vergangenheit. Im Zuge der Corona-Pandemie haben die Aktien von Fluggesellschaften sehr stark an Wert verloren, da der Flugbetrieb einige Zeit komplett zum Erliegen kam und nun auch erst teilweise wieder hochgefahren wird. Die erste Reaktion am Aktienmarkt war die, dass Anleger zum Beispiel der deutschen Fluggesellschaft Lufthansa versuchten die Aktie abzustoßen und so kam es sehr schnell zu einem Kurseinbruch der Aktie. Nun musste der deutsche Staat eingreifen, investierte Milliarden und siehe da die Aktie hat sich wieder etwas erholt. Dies ist noch nachvollziehbar, denn es ist im Interesse des deutschen Volkes liegt, dass die größte deutsche Fluglinie nicht von ausländischen Investoren aufgekauft wird. Beim Reiseanbieter TUI war dies ähnlich. Und so unterstützt der deutsche Staat in Zeiten der Pandemie viele große Unternehmen, damit keine Arbeitsplätze verloren gehen. Wie lange hält man das durch ohne Konzepte für die Zukunft? Warum werden hier nicht auch die Aktionäre dazu gebracht, ihren Beitrag zu leisten und die Unternehmen wieder wettbewerbsfähig zu machen? Wenn kein Geld mehr da ist oder die Kurzarbeit nicht mehr vom Staat subventioniert wird, werden die Arbeitnehmer sowieso entlassen.

Während der Wert der Aktien für Pharmazieunternehmen im Zuge der Pandemie anstieg und viele Aktionäre dabei steinreich wurden, sind die Aktienwerte anderer Branchen, wie die der Automobilhersteller eingebrochen. Es kam aber auch zu Aktienverlusten, die auf fehlerhafte und teilweise kriminelle Entscheidungen im Management zurückzuführen waren. So mussten während des Dieselskandals die Aktien für Automobilkonzerne hohe Kursverluste hinnehmen, Die Angst der Aktionäre vor hohen Strafzahlungen führte zu einem Ausstieg aus den Aktien bei Automobilherstellern, die in diesen Skandalen verwickelt waren. Viele Aktionäre, die jahrelang in dieser Branche gut verdient hatten, ließen die Aktien in Krisenzeiten fallen. Aber letztendlich war es oft der Druck der Aktionäre und ihre hohen Gewinnforderungen, die dann zu Fehlentscheidungen der Vorstandschaft geführt haben.

Dazu liefert der Niedergang der Wirecard-Aktie ein kurioses Beispiel. Diese Boom-Aktie, die im letzten Jahrzehnt die hohen Gewinnerwartungen der Aktionäre durch ein stetiges Ansteigen des Kurses befriedigte, wurde für manche Investoren zur Goldgrube. Wirecard gab vor große Geschäfte im Bereich des bargeldlosen Zahlungsverkehrs zu tätigen. Meldungen über falsche Angaben zu den Vermögenswerten wurden geflissentlich ignoriert und auch von Wirtschaftsprüfern nicht weiter verfolgt. Nachdem später Beweise zum Bilanzbetrug gebracht wurden und Milliardenbeträge nicht auffindbar waren stürzte der Kurs über Nacht massiv ein.[89] Der Vorstandsvorsitzende musste seinen Hut nehmen und kam dann in Untersuchungshaft. Ein Auslandsvorstand war verschwun-

---

[89] https://www.spiegel.de/wirtschaft/unternehmen/worum-es-im-wirecard-skandal-geht-a-96c88437-bdd5-4613-87dc-6f6360868fcc

den und mit ihm die fast 2 Milliarden Euros, die angeblich auf einer philippinischen Bank angelegt sein sollten. Der Unternehmenswert sank über Nacht ins Bodenlose. Danach war es nur eine Frage der Zeit, bis die Fima Insolvenz anmelden musste und die Anleger ihr Geld verloren. So kann es gehen, wenn man versucht schnell Geld zu verdienen und dabei die Fakten und wahren Unternehmenswerte vernachlässigt und wenn Kotrollinstanzen wie Wirtschaftsprüfer und das Bundesfinanzamt wegschauen.

An diesem Beispiel lässt sich sehr gut zeigen, wie der Aktienhandel funktioniert. Geht es den Unternehmen gut oder glänzen sie mit Gewinnen, dann wird immer mehr Geld durch den Anstieg des Aktienkurses und durch die Ausgabe neuer Aktien in das Unternehmen gespült. Es ist immer eine Wette auf das Ansteigen oder Sinken von Aktienwerten und Dividenden. Kommen Krisenzeiten, gibt es Negativpresse oder kann man Missmanagement nachweisen, kann der Unternehmenswert auf Nichts zusammenschrumpfen und es droht der Bankrott. Dann ruft man auch gerne mal nach dem Staat zur Rettung der Finanzen. Opfer sind immer die Kleinanleger und die Arbeitnehmer.

Mit sicheren Anlagen hat der Aktienmarkt oft nichts zu tun. Es regiert vor allem der Wunsch, dass der Anleger möglichst viel Geld in möglichst kurzer Zeit verdienen möchte. In Krisenzeiten versucht jeder möglichst schnell wieder auszusteigen und sich schadlos zu halten. Wir sind von Glücksrittern umgeben, die die Geschicke großer Unternehmen und Konzerne lenken. Dasselbe gilt natürlich auch für Optionsgeschäfte und Fonds, egal ob es sich um Aktienfonds oder Immobilienfonds handelt. Gerade mit Immobilien konnte in den Großstädten dieser Welt sehr viel Geld gemacht werden.

Finanzmärkte und Immobilienmärkte sind die Märkte, an denen am meisten verdient werden kann. Man setzt lediglich Kapital ein, kauft Wertpapiere, Devisen oder Immobilien zu günstigen Preisen ein und versucht sie möglichst hochpreisig wieder zu verkaufen. Das ist wie am Roulettetisch: einmal gewinnt man und einmal verliert man. Um hier mithalten zu können braucht man Kapital, einen guten Riecher für schnelle Geschäfte und eine Zockernatur. Vieles was sich an den Finanzmärkten abspielt hat nichts mit klarem Menschenverstand zu tun. Viele kaufen oder verkaufen Wertpapiere intuitiv oder getrieben von Gerüchten. So steigen manche Aktien oder Fonds in kurzer Zeit enorm hoch, andere verlieren sehr stark an Wert. Es geht hier nicht um wirtschaftliche Kenntnisse und die wahren Unternehmenswerte oder gar die Arbeitsplätze, die auf dem Spiel stehen. Hier möchte man Geld verdienen, möglichst viel in möglichst kurzer Zeit.

Bei diesem Spiel mischen nicht nur Privatinvestoren, sondern auch Banken mit, die dann, wenn eine Krise kommt, wieder vom Steuerzahler gestützt werden müssen. Trotz der Erfahrungen bei der Bankenkrise vom Jahr 2008, die von der USA ausgehend zu einer Weltfinanzkrise mutierte, hat sich das Geschäftsmodell der Banken kaum geändert. Auslöser der Krise war eine Immobilienpreisblase im US-Kreditmarkt.[90] Viele kleine Anleger hatten in Immobilien investiert oder sich Häuser gekauft und konnten dann die Kredite nicht mehr bedienen. Die Zahlungsausfälle führten zu einer Bankenkrise, die nach Europa überschwappte. Auch manche Länder, wie Griechenland waren nicht mehr in der Lage ihre Kredite zurückzuzahlen. Und so kam es im Jahr 2009 zu einer Eurokrise. Weltweit löste die Krise Unternehmenspleiten und einen Anstieg der Arbeitslosigkeit aus.

Man sollte daraus lernen. Aber die Bedenken mit Wertpapieren, Devisen und Staatsanleihen zu spekulieren und die Existenz von Unternehmen oder und von ganzen Staaten aufs Spiel zu setzen, waren bald wieder verflogen. Inzwischen wird wieder im großen Stil spekuliert. Obwohl die Coronakrise kurzfristig für eine Ernüchterung und für einen Einbruch bei den Aktienwerten sorgte, geht man wieder zurück zum Tagesgeschäft. Manche Aktienwerte sind stark gesunken, dafür erleben die Aktien für Pharmazeutische Unternehmen, vor allem die, die an einem Impfstoff gegen Corona forschen, einen Boom. Auch in Zeiten der Pandemie gibt es Gewinner.

---

[90] https://www.planet-wissen.de/gesellschaft/wirtschaft/boerse/ pwiefinanzkrise100.html

Die Seuchen dieser Welt nehmen zu

Die Verbreitung von Krankheitserregern und Viren nehmen immer mehr zu. Schuld daran ist, wie wir mit der Natur, mit anderen Lebewesen und nicht zuletzt mit unserer eigenen Gesundheit umgehen. Ich stelle die Behauptung auf, dass wir durch einen rücksichtsvolleren Umgang mit unserer Umwelt große Epidemien und Krankheitsausbrüche vermeiden können. Gerade die Haltung und Schlachtung von Tieren muss weltweit komplett neu überdacht werden. Die Haltung von Tieren, um Pelz zu gewinnen oder zu Forschungszwecken muss generell verboten werden. Sonst schaffen wir immer neue Seuchenherde.

Ein überhöhter Fleischkonsum könnte durch angemessene Preise eingedämmt werden und gleichzeitig die Haltungsbedingungen von Schlachttieren verbessern. Die Tierfarmen und Mastbetriebe müssen gesetzlich überwacht und artgerecht gestaltet werden. Der Überkonsum von Fleisch schadet einer ausgewogenen Ernährung und bringt viele Krankheiten, wie Diabetes, Adipositas und Herz- und Arterienerkrankungen mit sich. Wenn wir den Umgang mit Schlachttieren und dem Konsum von Fleisch ändern, verbessern wir auch unser persönliches Wohlbefinden.

Seit den 70er Jahren treten Viren und Krankheiten, die von Tieren herrühren, vermehrt auf. Angefangen mit dem Rinderwahnsinn, über die Schweinepest weiter zur Vogelgrippe scheinen sie mit unserem sorglosen Umgang mit der Natur in Zusammenhang zu stehen. Während der SARS-2-Virus angeblich auf einem Wildtiermarkt in der Stadt Wuhan in China ausgebrochen ist, vermutet man den Ursprung des Rinderwahnsinns BSE in den 80er Jahren in der Fütterung von Rindern mit Tiermehl, Kadavern und Abfallprodukten. BSE, das das Nervensystem von Rindern zerstört, kann beim Verzehr des Rindfleisches beim Menschen eine Variante der Creutzfeldt-Jakob-Erkrankung hervorrufen. Die Krankheit trat das erste Mal 1984 in England auf und konnte durch einen Importstopp von Rindfleisch aus England eingedämmt werden. Der

Landwirt, bei dem die ersten Fälle von BSE auftraten, hatte später ähnliche Symptome wie seine Tiere. Lange Zeit nahm man die Seuche nicht ernst. Bis in die 90er Jahre sind 180.000 Rinder an BSE verendet und 117 Menschen angesteckt worden und gestorben. Insgesamt wurden vier Millionen Rinder geschlachtet. Großbritannien durfte zehn Jahre keine Rindfleischprodukte und Tiermehl exportieren. Der letzte Todesfall war 2012. [91]

Aber auch die Massentierhaltung hat ihre Auswirkungen auf die Gesundheit der Fleischkonsumenten. 34 Megaproduzenten mästen weltweit in großangelegten Farmen Schweine. Für das Jahr 2020 wird ein Mastbestand von 656,6 Millionen Tieren prognostiziert. [92] An diesen Zahlen erkennt man den Wahnsinn der Massentierhaltung. Wie können in diesen Dimensionen Lebewesen noch artgerecht gehalten werden? Das ist komplett unmöglich und nur mit dem Einsatz von Medikamenten und Antibiotika möglich. China, Brasilien und auch die USA sind bekannt dafür, sich an keinerlei Vorschriften für artgerechte Tierhaltung zu halten.

In China werden rund um die großen Städte riesige „Schweinehochhäuser" errichtet, um die Bevölkerung mit Schweinefleisch zu versorgen. Der Neubau solcher mehrstöckiger abgeriegelter Schweinefarmen soll mit 200 Millionen Schweinen, die dort jährlich gezüchtet werden sollen, den Verlust an Schlachttieren kompensieren, der durch die afrikanische Schweinepest ASP seit 2018 entstanden ist. Durch die afrikanische Schweinepest wurde der Bestand an Schweinen in China um die Hälfte dezimiert. Weil daraufhin der Marktpreis für Schweinefleisch explodierte und zu einer landesweiten Inflation führte, legt die chinesische Regierung nun mehr Wert auf mehr „Ernährungssicherheit". Die Eindämmung der Verschmutzung des Trinkwassers und die Überlastung des Bodens mit Gülle spielen hier keine Rolle. Mit rund 430 Millionen Schweinen gilt China jetzt schon als größter Schweinefleischproduzent

---

[91] https://www.deutschlandfunk.de/vor-20-jahren-bse-in-grossbritannien.871.de.html

[92] https://de.statista.com/statistik/daten/studie/28799/umfrage/ schweinebestand-weltweit-seit-1990/

weltweit. Das Aufstocken der Schweinezuchtbestände im Land scheint aber noch nicht zu genügen, um den Bedarf an Schweinfleisch zu decken.

Zusätzlich kaufte China in den ersten vier Monaten vom Jahr 2020 1,35 Millionen Tonnen Schweinefleisch auf dem Weltmarkt ein, was einer Verdoppelung zum Vorjahr entspricht. Der größte Anteil kommt dabei aus Europa und dieser Anteil soll noch steigen, da wegen dem Handelsstreit zu USA die Fleischimporte aus den Vereinigten Staaten zurückgingen. Der Anteil der europäischen Exporte nach China aus Europa stieg weiter an und sollte laut Europäischer Kommission 2021 einen Rekordwert erreichen.[93] Die afrikanische Schweinpest scheint diesen Geschäften nun aber einen Riegel vorzuschieben. China erlies im September 2020 ein Importverbot für Schweine und Schweinefleischprodukte aus Deutschland. In China selbst sind bereits im Jahr 2018 mehr als 100 Millionen Schweine wegen der Schweinepest getötet worden.[94]

In den jetzigen Mastbetrieben können sich die Schweine oft in ihren Kastenständen nicht einmal hinlegen, geschweige denn ordentlich bewegen. Zwar haben EU-Politiker in Aussicht gestellt diese qualvolle Haltung in acht Jahren zu beenden. Es ist aber jetzt, da China als Hauptschweineimporteur wegen der afrikanischen Schweinegrippe wegfällt, an der Zeit, die Massentierhaltung in Deutschland und der EU nicht länger zu subventionieren, sondern Tierhaltungsformen mit tiergerechter, biologischer Landwirtschaft für den heimischen Markt zu fördern. Die Verbraucher müssen Druck auf die EU-Politiker und auf die Handelsketten ausüben. Ein Schweinefleischboykott von Billigfleisch aus Massentierhaltung kann sie zwingen, zumindest in den europäischen Staaten die schreckliche Haltung von Schweinen in den Großmastbetrieben sofort zu beenden.

---

[93] https://www.agrarheute.com/tier/schwein/34-xxl-farmen-115-milllionen-schweinen-569108
[94] https://www.zeit.de/wirtschaft/2020-09/afrikanische-schweinepest-china-verbot-import-deutschland-schweinefleisch-fleischindustrie

Nicht nur die Mast der Schweine, auch das Schlachten der Schweine gehört staatlich strenger überwacht. Wenn man bedenkt, dass in Deutschland ca. 26 Millionen Schweine jährlich gemästet, und sogar 57 Millionen Schweine, teilweise importiert aus dem Ausland, in unseren Schlachthäusern geschlachtet werden, scheint sich hier ein lukrativer Geschäftszweig aufgebaut zu haben. Lukrativ deshalb, weil in der EU in diesem Sektor nirgendwo billiger gearbeitet werden kann als in Deutschland. Die Billigproduktion wird dadurch ermöglicht, dass die Schlachtbetriebe durch das Einstellen von Personal über Subunternehmen die Mindestlohnzahlung umgehen können.

Es ist der COVID19-Virus, der durch die Infektion vieler Mitarbeiter bei deutschen Schlachthöfen einen Focus auf die untragbaren Zustände in der fleischverarbeitenden Industrie unseres Landes geworfen hat. Es ist beschämend, dass nicht nur die Haltung, sondern auch die Schlachtung von Schweinen in Deutschland unter unmenschlichen Zuständen praktiziert wird. Längst wäre es Zeit, dass sich ein Europäisches Parlament einschaltet. Aber hier hört man nichts von EU-Abgeordneten, die vor allem den Lobbyisten der Fleischbranche zuarbeiten und nur wenige lächerliche Gesetze bisher zum Tierschutz herausgaben. Dies gilt vor allem auch für die Schweineaufzucht. Noch heute sind Kastenstände, zu enge Ställe und die Kastrierung von Ferkeln ohne Betäubung legitim. Gerade Deutschland ist im europäischen Raum dafür bekannt, dass es sehr niedrige Standards für die „fleischproduzierende Industrie" (welch makabrer Ausdruck für die Aufzucht und Schlachtung von Lebewesen) hat. Das Fleisch dieser gequälten Kreaturen, die meist schon nach sechs Monaten wieder geschlachtet werden, landet dann bei uns auf dem Teller. Gesund ist das nicht und schon heute haben wir in Deutschland viele Menschen, bei denen der Einsatz von Antibiotika im Krankheitsfall nicht mehr anschlägt.

Dies kann Ursachen darin haben, dass wir viel Fleisch von Schweinen, Rindern und Geflügel essen, wo in der Aufzucht Antibiotika eingesetzt wird, damit sie die Qualen und die Infektionsgefahren der Massentierhaltung überstehen. Es gibt immer mehr Menschen, die jährlich an multiresistenten Keimen sterben. Laut Veröffentlichungen des Robert Koch Instituts sind es bis zu 20.000 Todesfälle im Jahr.[95] Es scheint unglaublich, dass nicht längst ein Schlussstrich, in Deutschland unter der Massenhaltung von Schweinen, Rindern und Geflügel gemacht wurde. Wir können es uns auch gesundheitlich nicht leisten als willfährige Gehilfen für Geschäftemacher die ungesunde Massenproduktion von Fleisch weiter zu erlauben, nur damit sich einige Wenige dabei bereichern können und sogar noch EU-Subventionen für ihre Betrieb erhalten. Erstaunlich wie sich die Politik trotz aller bekannten Nachteile für die Volksgesundheit weiterhin für die Massentierhaltung und für eine skrupellose Branche stark macht.

Die Schweinegrippe, die 2009 auftrat, hätte bereits eine Änderung in der Gesetzgebung für Schlachttiere bewirken können. Es lag wohl daran, dass die Schweinegrippe rechtzeitig wieder eingedämmt werden konnte, dass sich in der Aufzucht der Tiere nichts änderte. Damals wurden in Mexiko die ersten Krankheitsfälle bekannt, die aufgrund von Krankheitserregern bei Schweinen in einer in der Nähe von Mexico-City gelegenen Schweinemastanlage entstanden sind. Neu war, dass sich der Virus nicht nur vom Schwein auf den Menschen, sondern auch von Mensch zu Mensch übertragen ließ und schon damals wurden in Mexiko Schulen und Kindergärten geschlossen, Gottesdienste und Fußballspiele abgesagt und Mundmasken zur Vermeidung der Verbreitung des Virus bei der Bevölkerung verteilt. Auf Händeschütteln oder Küsse zur Begrüßung sollte verzichtet werden. Mehr als 1.300 Menschen erkrankten, 80 starben. [96] Die Schweinegrippe ließ sich auch nicht auf Mexiko eindämmen, sondern sorgte weltweit für Schrecken und für die Angst einer Pandemie, für die es zunächst keine Medikamente und keinen Impfstoff gab. Wir sehen also, dass es schon lange vor dem Ausbruch von Covid-19 Warnungen vor einer Pandemie gab. Die Politiker und Wissenschaftler hätten gewarnt sein können.

---

[95] https://www.tagesschau.de/inland/infektionen-101.html

[96] https://www.deutschlandradio.de/schweinegrippe-in-mexiko-fordert-ueber-80-todes-opfer.331.de.html?dram:article_id=202728

Nicht nur die Schweinegrippe, sondern auch die Vogelgrippe sind gefährliche Erreger. Die Vogelgrippe, die sich 1997 das erste Mal in Hong Kong unter Enten und Gänsen verbreitete und nur durch den raschen Eingriff der Behörden und der Tötung des gesamten Zuchtvogelbestands gestoppt werden konnte, wurde damals zunächst unter den Teppich gekehrt. Ende 2003 brach dann der Virus in anderen Regionen Südostasiens wieder aus. Jetzt wurde allerdings nicht so konsequent reagiert, weil die Bedeutung der Geflügelzucht in Thailand, Indonesien, Vietnam und vor allem in China stark zugenommen hatte. Produziert wurde das Fleisch vor allem in großen Mastfabriken in der Nähe von Großstädten. Die Massentierhaltung begünstigt die Vermehrung dieser Viren.

Laut Birdlife, einer Vogelschutzorganisation[97,] kam es am Qinghai-See, dem größten Binnensalzsee Chinas in Tibet erstmals 2005 zu einem Massensterben von Wildvögeln. In dieser Gegend gibt es viele Geflügelfarmen und eine Fischfarm, wo der Hühnerkot an die Fische verfüttert wird. Auf diese Art und Weise konnte der Virus sich weiter ausbreiten und letztendlich stellten Studien z.B. in Indonesien fest, dass der Vogelgrippevirus auch auf Schweine, die Säugetiere sind, übergesprungen war. Von da an war die Angst groß, dass sich auch Menschen mit dem Virus infizieren können. Die Vogelgrippe hat sich bis Europa ausgebreitet und auch hier mussten viele Geflügelbestände gekeult werden. Letztendlich ist auch die Vogelgrippe ein deutliches Zeichen dafür, dass wir durch Massentierhaltung und nicht artgerechter Fütterung das Risiko erhöhen, dass Viren Menschen und Tiere weiterhin bedrohen. Auch die Zustände auf den Geflügelmärkten und in den Schlachtanlagen stellen ein Risiko dar. Das Fleisch von Pute, Huhn, Enten und Gänsen, die in solchen Großanlagen gezüchtet werden, birgt wegen der vielen Antibiotika und der schlechten Fütterung eine Gefahr für die Gesundheit der Menschen, die das Fleisch essen.

Schon immer gab es Epidemien, die ganze Regionen bedrohten. Im Mittelalter raffte die Pest ein Drittel der Einwohner Europas dahin. In

---

[97] http://www.birdlife.org/

den 20er Jahren des 20. Jahrhunderts verursachte die Spanische Grippe zwischen 25 und 50 Millionen Tote weltweit. 1977 und 1978 brach die die „russische Grippe" vor allem bei jungen Menschen aus. Fast 700.000 Kinder starben. Schon Ende des 19. Jahrhunderts gab es eine „russische Grippe", die als erste weltweite Pandemie galt und sich an den Handelsrouten zwischen China, Russland und Europa ausbreitete. 2002 brach dann der SARS Virus in China aus und galt als erste Pandemie dieses Jahrhunderts. Ihm folgte 2012 der MERS Virus, der im Mittleren Osten ausbrach und von Fledermäusen auf Kamele und auf den Menschen übersprang. Beides waren Coronaviren. Die Verbreitung konnte noch eingedämmt werden, bevor sich der Virus weltweit ausbreitete. [98] Wir hätten gewarnt sein können, dass uns neuartige Virenstämme bedrohen können.

Der Coronavirus, der sich nun im Jahr 2020 von China aus in die ganze Welt ausbreitete, ist besonders gefährlich, da auch Menschen, die noch keine Symptome aufweisen, den Virus leicht durch eine Tröpfcheninfektion beim Niesen oder Husten übertragen können. Der globale Handel und Flugverkehr hat dazu beigetragen, dass sich der Virus rasant schnell weltweit ausbreitete. Wir Menschen dringen immer weiter in Gebiete vor, die vorher den Wildtieren vorbehalten waren. Dadurch und durch unsere unverantwortliche Art mit Schlachttieren umzugehen, sind wir auch in Zukunft sehr stark vom Ausbruch neuer Viren bedroht. Wir haben durch den rücksichtslosen Umgang mit unserer Umwelt dazu beigetragen, dass sich solche Krankheitsherde entwickeln konnten. Es liegt nun an uns, dieses Verhalten schnellstmöglich zu beenden und andere Wege zu beschreiten.

---

[98] https://www.wikiwand.com/de/Liste_von_Epidemien_und_ Pandemien

Free yourself and free the world!

Die Menschen der neuen Bewegung, die gerade entsteht und sich allmählich über alle Länder dieser Welt ausdehnt, befreien sich selbst aus alten Denkweisen und gesellschaftlichen Zwängen. Sie stellen alles in Frage, was Jahrhunderte lang als gottgegeben hingenommen wurde. Immer schon wurde der größte Anteil der Bevölkerung von den Mächtigen unterdrückt und ausgebeutet. Ihr Lohn war ein unfreies, armseliges Leben. Nur wenige hatten überhaupt eine Chance, sich aus der Armut und der Unwissenheit zu befreien. Generationen von entmutigten, entrechteten Menschen gaben ihre Mutlosigkeit weiter an die nächste Generation. Waren es noch vor Jahrhunderten der Adel, die Fürsten und reiche Bürger und Handelsleute, die das Volk regierten und ausbeuteten, so übernehmen dies heute die Mächtigen aus Politik und Wirtschaft.

Auch heute im 21. Jahrhundert sind die Menschen immer noch gefangen in althergebrachten gesellschaftlichen Zwängen und ihr Schicksal hängt stark von ihrer gesellschaftlichen Herkunft ab. Die Geburt entscheidet darüber welcher gesellschaftlichen Schicht man angehören wird. Es ist ein anderes Leben, wenn man in einem wohlhabenden Land geboren wird oder in einem sehr armen Land, wo Hunger und Krankheiten schon in jungen Jahren vielen das Leben schwer machen. Der Wohlstand vieler Menschen hat mit der Industrialisierung und dem Fortschritt in der Landwirtschaft zugenommen. Dies gilt aber nicht für alle. Ganze Nationen oder gesellschaftliche Schichten bleiben vom Reichtum ausgeschlossen. Ganz gezielt werden diesen Menschen Bildung und Aufstiegschancen von den Mächtigen versperrt. Man will den Reichtum nicht teilen. Man braucht die Hungerleider und die Tagelöhner, die in den Fabriken, auf den Feldern und in der Minen dieser Welt für das tägliche Überleben schuften müssen, damit die Reichen noch reicher werden.

Millionen von Armen, unter ihnen viele Kinder, arbeiten unter skandalösen Bedingungen, damit die reichen Länder sich ihren Luxus leisten können. Damit wir Elektroautos fahren können wird in den Minen im Kongo unter furchtbaren Bedingungen Kobalt gewonnen. Jeder weiß es, aber hier schaut der bornierte Ökologe gerne einmal weg. Lithium wird auch nicht menschenfreundlicher und umweltschonender in Südamerika abgebaut, so dass das Fahren von Elektroautos keineswegs überall in der Welt Menschen und Umwelt schont. Aber es ist egal, wie die Menschen dort arbeiten und leben. Hauptsache es geht einem selbst gut und man hat ein reines Gewissen.

Manche der Armen träumen noch, auch sie könnten irgendwann durch ehrliche Arbeit mal reich werden. Aber die Millionen werden woanders verteilt. Geschickt werden ganze Distrikte in den Großstädten aufgeteilt in die Gegenden, wo die Reichen wohnen, in die wo der Mittelstand ein beschauliches Leben führt und in die „No-go-areas", wo die Armen unter sich bleiben. Dort herrschen kriminelle Banden. Gangs, Drogenbosse und Verbrecherkartelle verführen bereits die Jugendlichen. Die jungen Menschen schaffen es nicht, sich aus diesem Geflecht von Armut und Verbrechen zu befreien. Für die Reichen ist das gut. So sind die Armen mit sich selbst beschäftigt und kommen nicht auf die Idee gegen die Unterdrücker zu kämpfen und ihre Rechte einzufordern. Sie sterben in Bandenkriegen und an Drogen. Die Mafia und ihre Komplizen verdienen daran und führen ein Leben im Luxus. Die Anderen machen die Drecksarbeit.

Aber wird sein, wenn sich die Masse der Armen nicht mehr damit zufrieden gibt, für den Reichtum von wenigen zu schuften? Was wenn sich die Jugend zusammenschließt und für eine gerechtere und saubere Welt kämpft? Eine Welt, in der man mit der Natur in Einklang lebt, in der es nicht um schnellen Profit von Wenigen geht, sondern um das Wohl von allen. Bislang hatte man von der Jugend und auch von den von den gesellschaftlichen Zuständen frustrierten älteren Menschen nichts zu befürchten. Man hat sie einfach gegeneinander ausgespielt. Der Mittelstand hat heruntergeschaut auf die ärmeren Schichten der Gesellschaft und diese wieder auf die noch Ärmeren. Wenige schwelgen im Luxus und die anderen bekämpfen sich selbst und streiten um die wenigen Brocken, die vom Tisch der Reichen abfallen.

Das Ganze hat System. Über Jahrzehnte mussten wir uns die Botschaften über das Wohl der freien Marktwirtschaft anhören. Der Markt regelt alles, er reguliert sich selbst über Angebot und Nachfrage und schafft Wohlstand für alle. Doch dieses Märchen kann in der heutigen Zeit nun wirklich niemand mehr glauben. Der freie Markt öffnet Tür und Tor für pure Verschwendungs-sucht auf der einen Seite und Armut und Sklaverei auf der anderen Seite. Geiz ist nicht geil, wie uns Werbebotschaften gerne weiß machen wollen. Jahrelang hat eine freundliche soziale Marktwirtschaft, die sich seit den 70er Jahren in Deutschland und manchen anderen europäischen Staaten etablierte, für mehr Gerechtigkeit bei der Einkommensverteilung gesorgt. Es gab bessere Bildungschancen, soziale Einrichtungen und die gesetzlichen Sozialversicherungen. Nun werden die sozialen Errungenschaften wieder massiv abgebaut. Der Wohlfahrtsstaat ist auf dem Rückzug. Angeblich sollen wir dadurch als Nation global wettbewerbsfähig bleiben. Ein schöner Erfolg der Globalisierung: nicht die Löhne der armen Länder werden an unsere Löhne und Gehälter angepasst, stattdessen werden unsere Löhne an die Billiglohnländer angepasst, damit nur ja genug Rendite in die Hände der eh schon Reichen fällt.

Strittig ist nur, wer die teuren Autos und Luxusartikel kaufen soll, wenn immer mehr in die Armutsfalle rutschen. Durch immer höhere Mieten geraten, gerade in den Großstädten, immer mehr Menschen in finanzielle Schwierigkeiten. Durch immer niedrigere Löhne und Gehälter und durch den Abbau von Sozialleistungen verschwindet allmählich die größte Stütze unseres Staatswesens: der bürgerliche Mittelstand. Die Schere von Reich und Arm klafft immer weiter auseinander. Das begünstigt gesellschaftliche Unzufriedenheit und ein Aufbegehren gegen das bestehende System. Lassen wir es nicht zu, dass gierige Konzernbosse diktieren, wo es lang geht! Sorgen wir selbst wieder dafür, dass das hohe Einkommen, das wir in unseren reichen Ländern erwirtschaften auch allen zu Gute kommt, die am Produktionsprozess beteiligt sind. Nur so bewahren wir den sozialen Frieden und geben allen jungen

Menschen eine faire Chance für die Zukunft. Es ist die einzige Möglichkeit, wie wir zukünftig Kriege und Unruhen vermeiden können.

Eine staatliche Kontrolle über die wichtigen Unternehmen unseres Landes und die Möglichkeit der Bürger über die Zukunft mitzuentscheiden, sind wichtig. Bei Zukunftsfragen muss der Staat wieder direkt in den Markt eingreifen durch Gesetze und Regeln. Umweltsünder müssen bestraft werden, nicht nur die kleinen, sondern vor allem diejenigen, die der Umwelt täglich großen Schaden zufügen. Dies darf nicht nur im Inland geschehen, wir müssen auch durch Handelssanktionen auf die Länder Druck ausüben, in denen Umweltzerstörung nicht strafrechtlich verfolgt wird. Und was sehr wichtig ist, durch unseren eigenen Konsum können wir darauf Einfluss nehmen, ob der Regenwald weiterhin großflächig abgeholzt wird, ob Tiere in Massenhaltungen elend dahin vegetieren oder ganze Regionen im Müll versinken. Wenn schon unsere Regierung nicht tätig wird, dann müssen wir das tun und unsere Macht als Verbraucher ausspielen. Wir dürfen uns nicht mehr vom Konsumzwang und der Schnäppchenjägerei leiten lassen, wenn wir etwas Gutes bewirken wollen.

Unternehmen, die sowieso vom Staat im großen Stil unterstützt und subventioniert werden, wie die Bahn, der Flugverkehr und die Energiegewinnung, sollten auch zum großen Teil in staatlicher Hand bleiben. So können wir uns als steuerzahlende Bevölkerung ein Mitspracherecht bei den wichtigen Umstellungsprozessen für die Zukunft sichern. Es kann nicht sein, dass die Gewinne immer nur an die Unternehmer und Aktionäre gehen, während in Krisenzeiten und bei der Entsorgung von Altlasten der Steuerzahler zur Kasse gebeten wird. Wenn wir schon zahlen, dann bitte auch mit einem Anteil an Entscheidungsgewalt und einen Anteil an der Gewinnausschüttung

Nehmen wir selbst wieder das Ruder in die Hand! Lassen wir uns unser Land nicht nehmen von Menschen, die einfach nur Kasse machen wollen. Wenn die Bürger schon die Energiewende mit dem Ausbau neuer Stromtrassen und Solaranlagen und die Schienen für die Erweiterung des Bahnverkehrs bezahlen, dann sollen sie auch davon profitieren. Das Land, das Wasser, die Luft gehört uns allen. Lassen wir uns als

Gemeinschaft der Menschen nicht enteignen und für unmündig erklären.

Nur, wenn wir es gemeinsam schaffen, weltweit unsere Zukunft menschengerecht und naturgerecht zu planen, kann Schlimmeres verhindert werden. Verschwenden wir keine Zeit mehr! Wir haben jahrelang über alle Kriegsszenarien und Umweltkatastrophen hinweggesehen, haben uns sogar noch von Staatshäuptern und Presse einreden lassen, dass dies unvermeidbar sei. Das stimmt nicht. Ein Krieg kann immer vermieden werden. Die Umwelt kann immer geschont werden. Nicht irgendwann, sondern jetzt. Jagen wir all jene davon, die sich durch millionenfachem Hunger und Elend ihren Reichtum finanzieren. Es ist nicht gottgewollt, dass Tausende von Menschen in den armen Regionen der Welt verhungern, während andere im Luxus schwelgen. Behüten wir unseren wundervollen blauen Planeten, den einzigen bisher bekannten Planeten mit menschlichem Leben. Wir können etwas dafür tun, wenn wir uns zusammenschließen. Kämpfen wir für eine humane Zukunft, für eine bessere Welt, solange es noch geht!

Himmel oder Hölle – Du hast die Wahl!

Wir haben die Möglichkeit zu wählen. Jeden Tag aufs Neue. Wollen wir in Frieden mit unseren Mitmenschen zusammen leben oder wollen wir weiterhin das selbstzerstörerische Konzept von Konkurrenz und Missgunst aufrechterhalten? Jahrhundertelang haben sich die Menschen untereinander missachtet und bekriegt. Für manche war der Grund ein göttlicher Wille, eine rassische Überlegenheit oder einfach nur die Gier, die sie antrieb, den anderen alles wegzunehmen und sie zu versklaven. Heute gibt es offenen Krieg nur noch selten. Die Mittel, sich die Ressourcen und den Wohlstand anderer Länder anzueignen sind viel subtiler geworden. Heute beruft man sich auf die regulierenden Kräfte des freien Marktes, wenn man billigst die Rohstoffe und Ernten ärmerer Länder aufkauft. Man spricht vom fairen Wettbewerb, wenn man Staaten der Dritten Welt nötigt für die Industriestaaten Waren unter sklavenähnlichen Bedingungen herzustellen. Während wir uns ein Wohlfahrtssystem aufgebaut haben, müssen in diesen Ländern die Menschen immer noch um das Existenzminimum kämpfen. Das wird leidlich ausgenutzt. Und so werden gerade die Billigprodukte gerne in diesen Ländern gefertigt, wo Menschen jede Arbeit annehmen, um zu überleben. Freier Markt eben.

Im Zuge der Globalisierung bröckeln aber auch bei uns die hart erkämpften sozialen Errungenschaften für den Arbeitnehmer weg. Warum sollten Unternehmen in Ländern mit gehobenen Lohntarifen, Sozialabgaben, geregelten Arbeitszeiten und festen Urlaubstagen ihre Waren fertigen, wenn es doch viel einfacher ist, in Ländern zu produzieren wo Arbeitsrechte fehlen? Wenn der Amerikaner billige Autos montieren will, geht er im Süden über die Grenze nach Mexiko. Wenn Modegeschäfte oder Sportschuhhersteller teure Designerstücke zum günstigsten Preis nähen lassen wollen, gehen Sie in osteuropäische Länder oder nach Asien. Wenn der galante Ehemann, seine Frau mit Blumen überraschen möchte, reichen nicht mehr die Tulpen aus Amsterdam, dann müssen die Rosen aus Afrika antransportiert werden, wo den dort lebenden Menschen die dringend benötigten Ackerflächen und die Wasservorräte weggenommen werden. Überall auf der Welt sehen wir Armut und Versklavung, damit wir unsere „Geiz ist geil!"-Mentalität rücksichtslos ausleben können.

Es liegt an uns als Verbraucher hier einen Schlussstrich zu ziehen. Solange wir diese Waren abnehmen, stützen wir das alte System der Unterdrückung anderer Völker, das wir schon aus der Kolonialzeit kennen. Es ist kein bisschen besser geworden seit dieser Zeit, nur dass heute durch die Vermehrung der Bevölkerung noch wesentlich mehr Menschen in elendsten Verhältnissen leben. Wir schauen angespannt am Abend im Fernsehen oder auf den Internet-News die Bilder über Hunger, Armut und Naturkatastrophen an. Wir nehmen es hin, dass in Afrika Millionen von Menschen hungern und manche sogar verhungern. Wir nehmen es hin, dass manche Arbeiter in Südamerika oder Asien in sklavenartigen Verhältnissen leben und wir akzeptieren sogar Kinderarbeit. Zwar nicht offen, aber mit unserem Kaufverhalten stabilisieren wir die Kräfte des freien Marktes, die Schuld haben am Hunger und am Elend in vielen Gebieten der Welt.

Wann wachen wir endlich auf und setzen unsere Macht als Konsumenten ein? Es ist nicht nur das Angebot, das die Nachfrage bestimmt, es ist auch die Nachfrage, die das Angebot steuert. Wenn die Waren, die auf so eine menschenverachtende Weise hergestellt werden, nicht mehr von uns abgenommen werden, gibt es auch keinen Grund mehr sie zu produzieren. Sorgen wir dafür, dass weltweit Kontrollen darüber entstehen, unter welchen Arbeitsbedingungen Ware gefertigt wird. Das „Fair Trade"-Zeichen ist erst der Anfang. Hier wird ausgewiesen, dass für die Waren ein fairer Preis bezahlt wurde, von dem der Erzeuger leben kann. Es ist aber auch nötig, davon Einblick zu erhalten, wie die einzelnen Arbeiter auf den Feldern, den Plantagen und in den Fabriken arbeiten. Hier müssen Mindeststandards klar definiert werden und wer ein Label für den fairen Verkauf möchte, muss diese Bedingungen erfüllen. Dazu zählt auch, dass Kinderarbeit verboten wird. Kinder gehören in die Schule und nicht aufs Feld oder in die Fabrik.

Da werden viele jammern, es seien dann gar keine Gewinne mehr zu erwirtschaften für die armen Unternehmen und Großkonzerne. Das stimmt so nicht. Auch bei menschlichen Arbeitsbedingungen können Waren produziert werden. Es bleibt dann aber weniger Gewinn bei den Handlern und Unternehmen hängen, wenn ein fairer Lohn für die Arbeiter bezahlt werden muss. Aber es wäre die Lösung für weltweite Konflikte und Migrationswellen, die aufgrund von Hunger und Armut entstehen.

Sorgen wir dafür, dass auch die Menschen, die am Anfang unserer Lieferketten stehen, von dem, was sie als Lohn für ihre Arbeit erhalten, leben können. Die milliardenschweren Gewinne der Konzerne, bezahlt durch die Armut von vielen, werden so eingedämmt. Warum kann die Näherin in Osteuropa und Asien nicht einen Mindestlohn erhalten, wenn die Sportschuhe, die sie näht, bei uns in den Läden über 150 EUR kosten? Wo bleibt die riesige Gewinnspanne? Es gibt viele Produkte, bei denen nicht nachvollziehbar ist, warum sie angeblich nur mit Lohndumping in Billiglohnländern gefertigt werden können. Die Menschen in armen Staaten müssen zu einem Hungerlohn für die reichen Staaten arbeiten, damit dort Geld verdient werden kann. Boykottieren wir diesen Wahnsinn und kaufen wir da, wo die Menschenrechte auf ein Leben in Freiheit und Würde gewahrt werden. Freiheit und Würde setzt voraus, dass man nicht jede Arbeit annehmen muss, um nicht zu verhungern.

Aber auch in den reichen Industrienationen gibt es einen großen Unterschied zwischen dem armen und dem reichen Teil der Bevölkerung und die Schere geht immer weiter auseinander. Es ist kein Zufall, dass in der reichen USA gerade in Corona-Zeiten zuerst die Menschen in den armen Vierteln der Städte von Krankheit und Tod heimgesucht werden. In einem Land der Millionäre trifft es zuerst die, die in schlechten Unterkünften hausen und die sich keine Krankenversicherung leisten können. Es ist auch ein offenes Geheimnis, dass in den reichen USA viele Menschen obdachlos sind oder unter der Armutsgrenze leben. Hier gibt es nach wie vor keine ausreichende soziale Absicherung. Es gibt auch keinen Kündigungsschutz, so dass beim Ausbruch des Corona-Virus bereits nach zwei Wochen 22 Millionen Menschen arbeitslos wurden, eine

Woche später waren es 33 Millionen Menschen. Viele dieser Menschen konnten sich nichts zurücklegen und mussten die Tafeln aufsuchen, um Nahrungsmittel zu bekommen. Armes reiches Land! Die Millionäre und Milliardäre halten sich vornehm zurück. Von ihnen kann man nicht viel erwarten. Es ist traurig, dass die Bürger einer so großen und leistungsstarken Nation in Notzeiten auf sich selbst angewiesen sind.

Wir sollten in Europa aber nicht immer nach anderen Ländern schielen und unsere hart erkämpfte soziale Marktwirtschaft selbst demontieren. Noch gibt es Kündigungsschutz und in Notzeiten Arbeitslosengeld und Krankengeld. Dass aber auch im reichen Europa das Krankenhaussystem und die ärztliche Versorgung nicht immer ausreichen, konnten wir in der Coronakrise deutlich spüren. Jahrelang gibt es die Diskussion um ein Grundgehalt, das jedem Bürger zustehen sollte. Angeblich war hierfür immer zu wenig Geld da. Wenn wir sehen, wie in Krisenzeiten Milliarden Euros für die Bankenrettung oder für die Unterstützung von große Konzernen ausgegeben werden, bleibt die Frage, ob wir uns ein Grundgehalt oder eine Grundrente für alle nicht schon längst hätten leisten könnten. Bitten wir in Krisenzeiten auch mal Unternehmer und Aktionäre, die ihre Milliardengewinne oft im Ausland deponiert haben, zur Kasse! So könnten auch sie ihren Anteil leisten für den Wohlfahrtsstaat und die Infrastruktur, von der nicht zuletzt auch sie profitieren

Warum kommen die staatlichen Förderungen immer nur der Wirtschaft und nicht den Menschen selbst zu Gute? Ein Grundgehalt für alle könnten wir uns in den reichen Industrienationen schon lange leisten. Traut man uns Menschen nicht zu, für uns und unser Land zu arbeiten und unsere Familien zu ernähren? In guten Zeiten werden wir gut entlohnt, in schlechten Zeiten sind wir auch heute noch auf Unterstützung des Staates und der Familie angewiesen. Es verarmen immer mehr Menschen, die arbeitslos, krank oder pflegebedürftig werden. Man rutscht schnell ab, vom Mittelstand zum Sozialhilfeempfänger mit allen sozialen Konsequenzen. Immer wieder gibt es neue Ausreden, warum es kein Grundgehalt geben kann. Letztendlich muss ja der Beamtenapparat, den man aufgebaut hat, um die Almosen zu verteilen und die

Verteilung zu kontrollieren am Leben erhalten werden. Allein die Beamten, die für die Verwaltung der Sozialhilfe nötig sind, kosten schon mehr als eine kostenlose Grundversorgung für alle.

Aber dann hätten Arbeitgeber keine Chance mehr mit Hilfe des Staates Menschen in Arbeitsverhältnisse zu nötigen, die weder gut bezahlt noch attraktiv erscheinen. Heute noch weinen viele Unternehmer, wenn sie in einem reichen Land wie Deutschland einen Mindestlohn bezahlen müssen. Da greift man auch gerne mal auf Subunternehmer aus dem Ausland zurück, die sich nicht an die deutschen Gesetze halten müssen. Erst kürzlich kam so die ganze fleischerzeugende Branche in Verruf, als man im Zuge der Corona-Krise endlich auf die unhaltbaren Zustände in unseren Schlachthöfen aufmerksam wurde. Eine Branche mit Milliardengewinnen braucht anscheinend auch heute noch die Sklavenarbeit von Fremdarbeitern, um die Arbeit zu erledigen. Gäbe es bei uns ein Grundgehalt und schärfere gesetzliche Bestimmungen für Arbeitsverhältnisse über Subunternehmer, dann hätten wir solche Zustände nicht.

Es ist auch traurig, dass man in einem reichen Land wie dem unseren den alten Menschen nicht wenigstens eine Grundrente zugestehen kann, damit sie im Alter nicht bei Sozialämtern um ihren Lebensunterhalt betteln müssen. Politiker, die bei einer Coronakrise so plötzlich 500 Milliarden Euro Wirtschaftshilfe aus dem Ärmel krempeln, sollen uns hier nicht mehr erzählen es wäre kein Geld da. Sie sollen dann wenigstens ehrlich bekennen, dass zwar Geld da ist, leider aber nicht für unsere Alten und Armen. Es wurde in Deutschland nun ein scheinheiliger Kompromiss für eine Grundrente vorgestellt. Dabei wird aber verschwiegen, dass doch die meisten Menschen aufgrund der strengen Voraussetzungen nicht in den Genuss der Grundrente kommen. Gerade Frauen, die nicht durchgehend arbeitstätig waren und Menschen die lange Zeit arbeitssuchend waren, können mit keiner Verbesserung rechnen.

Und weil uns das Schreckensszenario arm zu sein und auf Almosen angewiesen zu sein lebenslang im Nacken hängt, haben wir uns unsere eigene Hölle selbst geschaffen. Von Kindesbeinen an, versuchen wir uns der Konkurrenz zu stellen. Schon in der Schule wird aussortiert, wer den gesellschaftlichen Aufstieg schafft und wer nicht. Schon hier bestimmt zum größten Teil die familiäre Herkunft die Chancen, die wir bei dem Konkurrenzkampf um die besten Posten haben werden. Ist man klug oder reich oder beides von Geburt an, dann hat man schon sehr gute Karten, es weit zu bringen. In vielen Fächern, die man studieren möchte herrscht „Numerus Clausus" und schon früh büffelt man wie besessen, um den Ansprüchen der Familie und seinen eigenen Berufswünschen gerecht werden zu können. Da spürt man wenig von unbeschwerter Kindheit und die Mütter und Väter kämpfen fleißig mit, damit der Nachwuchs nicht in einer der allgemeinen Hauptschulen, jetzt Mittelschule genannt, landet.

Der Sohn oder die Tochter soll mindestens den Mittleren Bildungsabschluss erzielen, um beruflich nicht völlig abgehängt zu werden. Wer will heute noch ein Handwerk erlernen oder den Beruf des Facharbeiters? Jedem steht der Sinn nach Höherem, so dass diese Branchen an akutem Nachwuchsmangel leiden. So hat dann irgendwann fast jeder über den ersten oder zweiten Bildungsweg das Abitur erreicht. Dann geht der Run los auf die Universitäten. Spätestens hier scheitern viele, die einfach aus Geltungssucht des Elternhauses in einer akademischen Laufbahn gelandet sind, in die sie eigentlich gar nicht passen. Das ist nicht erst seit heute so. Schon in früheren Generationen hat man Kinder und Jugendliche in Schul- und Berufslaufbahnen gezwungen, die sie nie freiwillig eingeschalgen hätten.

Irgendwann sind aus diesen kleinen Kindern und aufsässigen Jugendlichen junge angepasste Erwachsene geworden, die ihren Platz finden möchten in der Arbeitswelt und in unserer Gesellschaft. Auf dem Arbeitsmarkt werden die besten und aussichtsreichsten Kandidaten aussortiert und eingestellt. Die anderen müssen sich mit schlecht bezahlten Jobs begnügen oder sind arbeitslos. Je nach Wirtschaftsjahr sind das mehr oder weniger junge Menschen, die außen vor bleiben.

Ab dem Tag der ersten Anstellung kämpft der normale Arbeitnehmer den Rest seines Lebens gegen die Konkurrenz auf dem Arbeitsmarkt an, immer mit dem Damoklesschwert über sich, arbeitslos zu werden. Es gibt immer noch Gescheitere, Schlauere, besser Ausgebildete und nicht zuletzt besser Aussehende, an denen man sich orientieren muss. So bleibt der Stress ein Leben lang. Ständig hat man Angst, nicht mithalten zu können oder davor zu versagen. Wie viele Menschen werden krank in diesem unmenschlichen Auswahl- und Arbeitsprozess? Wie viele verlieren die Lust am Leben? Warum lässt sich das Heer von Steuerzahlern Jahrzehnte ausnehmen, und dann in Zeiten der Krisen so einfach abspeisen? Es wird höchste Zeit für ein Grundgehalt und eine Grundrente, damit jeder Mensch seine Würde wahren kann, egal wie hoch sein Marktwert auf dem Arbeitsmarkt gerade ist.

Helfen kann uns bei diesem Thema nur eine mitmenschliche Solidarität in der Gesellschaft selbst. Die Reichen und Mächtigen werden das nicht gerne sehen. Denn jahrelang hat man sich vor allem auf Kosten der Ärmsten bereichert. Der Ausverkauf der Arbeitskraft zu Dumpinglöhnen muss aufhören. Nur eine landesweite oder sogar weltweite Solidarität der Bevölkerung für gerechte Löhne und soziale Absicherung kann erfolgreich sein gegen eine ausbeuterische egozentrische Wirtschaftslobby, die oft eng verstrickt ist mit den Politikern des Landes.

Machen wir uns stark für die Armen des Landes und weltweit, dann können auch wir wieder zufriedener leben. Steigen wir aus dem Karussell von Konsumzwang und unerfüllten Wünschen aus. Nur wir selbst bestimmen unsere Bedürfnisse! Lassen wir uns nicht von außen Bedürfnisse aufzwingen, die wir gar nicht haben. Liebe und Wertschätzung lassen sich nicht kaufen. Gehen wir wieder zu auf unsere Mitmenschen zu und tragen wir dazu bei, dass unsere Arbeitswelt und unser Privatleben lebenswert gestaltet werden. Wir werden höchstwahrscheinlich nie zu den Reichen und Schönen gehören, aber das ist kein Grund unglücklich zu sein. Geben wir uns mit dem zufrieden, was wir haben und nehmen wir uns selbst die Bürde ab, die uns belastet immer besser als die anderen sein zu müssen.

Davon profitieren wir und es profitieren unsere Mitmenschen. Wer nicht profitiert, das sind die Wirtschaftsunternehmen, die zu immer mehr Wachstum und Konsum aufrufen, um immer mehr Gewinne aus den Volkswirtschaften zu ziehen. Auch sie müssen sich dann mit weniger begnügen und sind gezwungen gerechte Löhne zu bezahlen. Das tut denen weh, die denken ihr persönliches Image nur durch immer höhere Prämien und immer mehr Luxus aufrecht halten zu können.

Was hat man von all den materialistischen Dingen und vom Geld auf der Bank, wenn niemand mehr da ist, der einen dafür beneidet? Wenn die alten Werte der reinen Profitorientierung gesellschaftlich nicht mehr erwünscht sind, wird sich Vieles zum Guten wenden. „Geben ist seliger denn nehmen!" Das haben bereits Glücksforscher erkannt. Der Mensch ist ein soziales Wesen und kann sich sehr schnell ändern, wenn sich die gesellschaftlichen Werte ändern.

Die totale Überwachung oder die Freiheit

Es ist da noch ein Problem, auf das ich bei all den Kapiteln dieses Buches über die Notwendigkeit des gesellschaftlichen Wandels und des Klimaschutzes noch nicht zu sprechen kam. Es geht um unseren eigenen Schutz, den Schutz unserer Persönlichkeitsrechte und unserer Freiheit. Es geht um die Gefahren, die die digitale Welt mit sich bringt.

Zunächst hat alles recht harmlos angefangen, als in den neunziger Jahren die Personal Computer und das Internet völlig neue Möglichkeiten des Informationsaustausches ermöglichten. Es war für alle eine Erleichterung, bei schnellen Mitteilungen nicht mehr nur auf dem Briefverkehr oder der Übermittlung per FAX oder Telex angewiesen zu sein. Im Zuge der internationalen Vernetzung konnte man weltweit kommunizieren und Daten austauschen. Es war eine Revolution. Was zunächst nur in Unternehmen im Einsatz war, fand schnell auch Zugang zu den privaten Haushalten. Spätestens mit dem Personal Computer und der Erfindung des Smartphones konnten alle an der neuen digitalen Welt teilhaben. Firmen wie Apple, Microsoft, IBM und andere konnten Milliarden Gewinne machen.

Ende der neunziger Jahre entfachte es gerade bei jungen Menschen einen Boom, sich mit Kurzmitteilungen über Handy und SMS auszutauschen. Millionen von Teenagern und jungen Leuten wurden regelrecht süchtig danach, ständig miteinander in Kontakt zu stehen. Später als Facebook und andere Anbieter dem Markt auch noch ein Forum gaben, wo Bilder, Likes und Meinungen geteilt wurden, waren die meisten jungen Menschen kaum mehr von ihren Mobiltelefonen wegzubekommen. Es machte Spaß stundenlang am PC oder am Handy zu sitzen. Man musste auch nicht mehr so viel lernen oder in Büchern lesen, denn bei Google oder Wikipedia konnte man in Sekundenschnelle alles Wissenswerte erfahren. Inzwischen wird selbst das Eingeben über Tastatur und das Übersetzen in eine andere Sprache von willigen Sprachtransmittern übernommen.

Die älteren Menschen, die noch nicht in der Generation „Digitalisierung" aufgewachsen sind, haben das immer mit Misstrauen beobachtet. Was muss der Mensch selbst noch lernen, wenn er alles vorgesagt bekommt? Kann man den Inhalten des Netzes immer Vertrauen schenken? Was passiert, wenn der Mensch selbst aufhört zu denken, aus Bequemlichkeit und weil man ja alles so wunderbar angezeigt bekommt? Ich denke diese Bedenken waren berechtigt. Schon heute gibt es starke Manipulationen durch wirtschaftliche und politische Träger von Werbebotschaften im Netz und der normale Nutzer wird über geeigneter Software ausspioniert. Da hilft oft auch kein Datenschutz, denn das Netz agiert weltweit und die Möglichkeiten, alle im Netz gestreuten Daten zu kontrollieren, sind begrenzt. Inzwischen kommunizieren manche Gruppen auch über das sogenannte Darknet[99], das fast gar nicht kontrollierbar ist.

Bei unseren täglichen Ausflügen im Netz haben wir uns geöffnet für die vielen offiziellen und inoffiziellen Spy-Programme, mit denen wir ausspioniert werden. Die Wirtschaftsunternehmen und auch der Staat sammeln immer mehr Daten von uns. Die Vorlieben für Parteien sind genauso wie alle Kaufgesuche und Bestellungen im Netz gespeichert und abrufbar. Kleine Cookies, die mir eigentlich die Suche erleichtern sollen, machen das möglich. Algorithmen werden benutzt, alle meine Interessen und Vorlieben für gezielte Marketingaktionen auszuwerten. So ist es kein Wunder, dass ich ungefragt weiterhin Werbebotschaften erhalte, die sich sehr genau auf mein gewohntes Einkaufsverhalten beziehen. So werden wir zu „gläsernen Kunden". Wir sind leicht durchschaubar und manipulierbar.

Wenn ich Google Maps nutzen möchte, muss ich meinen Standpunkt freigeben. Meine ganzen Bewegungen sind also gespeichert und abrufbar. Über die SIM-Karte meines Mobiltelefons bin ich sowieso immer zu orten, sobald ich das Telefon eingeschalten habe. Das mag alles sehr harmlos erscheinen oder sogar nützlich sein, wenn die Polizei jemanden

---

[99] https://www.bsi-fuer-buerger.de/BSIFB/DE/Service/Aktuell/ Informationen/ Artikel/was-ist-darknet-deepweb.html

suchen muss, der verschwunden ist. Aber was ist die Konsequenz, wenn es mächtigen Leuten aus Politik und Wirtschaft einfällt uns Bürger und Verbraucher zu kontrollieren?

Wie so etwas aussehen kann, sehen wir sehr gut am Beispiel China. Schon lange wurde hier die freie Kommunikation eingeschränkt. Internet-Suchdienste wie Google sind in China für den normalen Bürger nicht zugänglich. Schon vor Jahren hat Google seinen Standort in China aufgegeben und ist nach Hong Kong umgezogen. Aber auch hier wird der Internetzugang minutenlang blockiert, wenn man nach Begriffen sucht, die die chinesische Regierung zensiert. Manche ausländische Seiten sind komplett gesperrt. So sind zum Beispiel Facebook, YouTube und andere Foren zur Meinungsäußerung und zum Verteilen von Information in China komplett verboten. Um miteinander in Kontakt zu treten, kann man nicht WhatsApp, sondern nur die chinesische Instant Messaging AppWechat oder Weixin oder das Video-Portal TIKTOK benutzen. Kritische und unerwünschte Internetkommentare werden einfach gelöscht und wer auf inländischen Plattformen Meinungen oder Informationen verbreitet, die nicht regierungskonform sind, muss mit Strafverfolgung rechnen.

In China hat sich nicht Google als Suchmaschine durchgesetzt, sondern Baidu[100], eine Suchmaschine, die im Jahr 2000 gegründet wurde und inzwischen über 60 Prozent der Suchanfragen landesintern umsetzt. In den letzten Jahren konnten sich Baidu Baike als Online Enzyklopädie gegenüber dem westlichen Wikipedia und Baidu Tushu gegenüber Google Books etablieren. Auch wenn man zunächst Sprachbarrieren vorschützt, so steckt doch hinter dem Aufbau dieser Plattformen der Wunsch der chinesischen Staatsregierung nach der Kontrolle der Bürger im Land. Man verhindert mit dem Aufbau eigener Internetplattformen systematisch den Kontakt zu anderen Staatsformen, Weltanschauungen und liberalen Denkprozessen. Diese Einschränkung gilt nicht nur für Wissensforen, sondern auch für die Handelsforen.

---

[100] https://www.advertising.de/seo/wiki/baidu-chinas-suchmaschine/

Um den Wirtschaftsmarkt auch auf den Internetseiten zu kontrollieren, wurde gegenüber Ebay und Amazon die Handels-Plattform Alibaba[101] als B2B-Plattform, Tabao als C2C-Plattform und Tmail als chinesisch C2B-Plattform aufgebaut. Hier werden dann für Chinesen und Asiaten vor allem die eigenen Produkte angeboten. Inzwischen ist Alibaba die größte Handelsplattform der Welt und hat Amazon bei weitem von den Umsatzzahlen her überholt. Und es werden immer mehr chinesische Foren für den Internethandel aufgebaut so dass der chinesische Kunde hier alles beziehen kann und das Sortiment und der Handel vom chinesischen Staat überwacht werden kann.

Dies ist ein Beispiel, wie man als totalitäres Regime die Kontrolle und Macht auch über den Handel behält, so sehr man auch nach außen freien Welthandel und die Öffnung für den internationalen Handel propagieren mag. Die Staatsmacht in China zeigt uns, wie man durchaus auch in der Zeit der Digitalisierung und des globalen Handels seine Kontrolle und seinen Einfluss auf die Verbreitung von Informationen und auf den Handel behalten kann. So bietet gerade China mit seiner Einheitspartei als Führung ein gutes Beispiel, wie die digitale Überwachung und ein totalitärer Staat zusammenspielen. Das digitale Zeitalter scheint geradezu dafür geschaffen zu sein, den Überwachungsstaat noch weiter ausbauen zu können. Besonders schlimm ist es, dass so versucht wird, alle kritischen Stimmen und Pressemitteilungen zum Schweigen zu bringen.

In China werden von der Regierung inzwischen Apps, die den Aufenthalt der chinesischen Privatpersonen aufzeichnen zwangsweise auf den Mobiltelefonen installiert. Corona machte das möglich und es wird sogar im Westen darüber diskutiert dem asiatischen Vorbild nachzueifern. Was dies für die Privatsphäre des Einzelnen bedeutet, sollten wir erst mal in aller Konsequenz bis zu Ende denken. Der Mensch muss seine Daten frei geben und kann in allen seinen Bewegungen und Kontakten kontrolliert werden.

---

[101] https://www.starting-up.de/geschaeftsideen/unternehmer-typen/die-alibaba-story.html

In den freien demokratischen Ländern rühmen wir uns, unsere Meinung frei äußern zu dürfen. Aber alle unsere Chats und Telefonate sind abhörbar. Wenn man auf Anraten von Herrn Zuckerberg hin seine ganze Biografie ins Netz gestellt hat und sein Privatleben mit allen privaten Fotos und Videos über Facebook teilt, ist auch bei uns der Weg nicht mehr weit zum „Gläsernen Menschen". Bedenklich sind auch die Fusionen von großen Plattformen zum Austausch von privaten Nachrichten, wie die von Facebook und Whats App. Es ist unüberschaubar, wie viele Daten so in die falschen Hände geraten könnten.

In China wird schon heute ein soziales Bonussystem in manchen Pilotstädten getestet, das die konformen und gesetzestreuen Bürger unterstützt, während Menschen, die sich nicht einfügen, ausgeschlossen sind.[102] Zahlungsmoral, Einkaufgewohnheiten und die Treue zur Partei werden bewertet und im Sozialkreditsystem mit Punkten belohnt. Pluspunkte erhält, wer zum Blutspenden geht, anderen über die Straße hilft oder Hundekot aufsammelt. Für Verkehrsdelikte oder andere Vergehen erhält man Punktabzug. Eine Überwachung der Menschen wird durch unzählige Kameras gewährleistet. Nur Chinesen, die sich wohl verhalten und Punkte sammeln, erhalten Flugtickets und Karten für den Schnellzug, Kredite und den Zugang zu Bildung und beruflichen Karrieren. Das Bonussystem, das eigentlich dazu dient, die Bevölkerung linientreu und angepasst zu halten, wird dem chinesischen Volk sogar noch als positives Anreizsystem verkauft. Aber statt dem Bürger zu nutzen, handelt es sich hier um ein System, das den Staat dazu dient, seine Bürger komplett zu überwachen. Oppositionelle und Unangepasste kommen nicht in den Genuss von Vorteilen.

Durch die neuen digitalen Möglichkeiten kann die allumfassende Kontrolle des chinesischen Staates über seine Bürger realisiert werden. Die Videoüberwachung des städtischen Raums und der sozialen Netzwerke und die Überwachung der persönlichen Korrespondenz jedes Einzelnen werden durch die moderne Technik erst möglich. So gruselig

---

[102] https://www.quarks.de/gesellschaft/wie-china-seine-buerger-mit-einem-punktesystem-kontrollieren-will/

diese Vorstellung für jeden freiheitsliebenden Menschen ist, so werden in China die Eingriffe des Staates in die Privatsphäre der Bürger doch von den meisten Menschen hingenommen, um keine weiteren Sanktionen zu erleiden. Auch die westlichen Politiker verschließen viel zu oft die Augen, um die guten Handelsbeziehungen nicht zu gefährden. So werden trotz starker Proteste die Eingriffe von China in die Freiheitsrechte der Bürger von Hong Kong und die massenhaften Verhaftungen von sogenannten Dissidenten einfach ignoriert.

Ich habe das Beispiel von China genommen, da man hier sehr stark den totalitären Überwachungsstaat ohne freiheitliche Bürgerrechte beim Umgang mit Datenschutz und Bürgerrechten beobachten kann. Aber auch die Bürger der westlichen Hemisphäre geben immer mehr Einblick in ihr Privatleben und machen sich dadurch manipulierbar und leicht durchschaubar.

Oft wird es in den sogenannten Wohlfahrtstaaten weniger bewusst wahrgenommen, wie sehr sich Fremde Einblick in die Privatsphäre verschaffen können. So hat der Handelsriese Amazon aus den USA Alexa als neue KI-Technologie entwickelt. Was zunächst sehr charmant erscheint, da man nun einen Ansprechpartner für seine Wünsche und Fragen gefunden hat, stimmt nachdenklich, wenn man hinter die Technik schaut, die hier angewendet wird. Durch das Speichern von Daten des Sprachassistenten hat Amazon Zugriff auf persönliche Daten. Was Alexa oder Google Home für zu Hause ist, ist Siri für die Mac Life-Welt oder der Google Assistent für unterwegs. Über die Sprachassistenten können sich die Anbieter schon jetzt einen Einblick in unser privates Leben und auf unsere Vorlieben verschaffen.

Wir sehen also dass die Vorzüge der schönen neuen digitalen Welt nicht unbedingt nur zu unserem Vorteil sind. Wenn wir an die Entwicklungsarbeiten im Bereich künstliche Intelligenz denken, so sehen wir auch hier einiges auf uns zukommen. Wie lange dauert es noch, dass manche Tätigkeiten von Robotern ersetzt werden können? Besteht die Gefahr, dass der Mensch irgendwann sogar ganz von Robotern und Maschinen ersetzt werden kann? Wann können Menschen geklont werden und welche Neuerungen kommen aus den Genlaboren? Man kann bei manchen neuen Entwicklungen Angst bekommen, dass sie sich irgendwann gegen die Menschen richten. So können schon heute Menschen mit Drohnen getötet werden, die fernab jemand steuert, der gar nicht vor Ort sein muss. Die Gene von Lebewesen können verändert und manipuliert werden.

Die Möglichkeiten, wie der Mensch sich selbst irgendwann überflüssig macht oder sogar zerstören kann, sind unerschöpflich. Die einzige Möglichkeit, diesen Prozessen entgegen zu treten, ist es, klare Gesetze zu schaffen, die solche Auswüchse verhindern. Wehren wir uns dagegen, dass unsere Gedanken und Gefühle tagtäglich ausgehorcht und manipuliert werden. Wenn wir schon machtbesessene Industriebosse und Diktatoren nicht davon abhalten können, sich Daten aus den Kommunikationsnetzen dieser Welt zu ziehen und zu Nutze zu machen, so können wir unseren Datenkonsum selbst beschränken und möglichst wenig von uns preisgeben.

Machen wir uns nicht abhängig von Google und Co! Lernen wir wieder selbst zu denken und nehmen wir die Chancen für Bildung in der Schule und im Studium wahr. Nur so können wir uns eine eigene Meinung bilden und sind nicht so anfällig für Fremdsuggestion über die Medien. Wenn man Forschungsarbeiten sieht, wie man Menschen Chips implantieren kann, zur Datenabfrage und vielleicht auch irgendwann zur Einflussnahme auf die Aktivitäten des Gehirns, kann man Angst bekommen vor einer total überwachten Zukunft und vor einer Fremdsteuerung der Gedanken. Wir wissen nicht, was in den Forschungslabors weltweit schon zur Manipulation und Kontrolle der Menschen getestet wird. Ich möchte keine Schreckensszenarien in die Welt setzen, aber es liegt immer in der Hand der Menschen selbst, wie technische Neuheiten genutzt werden und wie die Freiheit der Gedanken und des Handelns geschützt wird.

Wie stellen wir jetzt die Weichen neu?

Der Ausbruch des Coronavirus hat viele schlimme Folgen für die Menschen weltweit. Die lange soziale Isolierung, die menschlichen Tragödien und die Unsicherheit, die der Virus hinterlassen hat, sind enorm. Wenn wir unser Augenmerk nicht nur auf die schrecklichen gesundheitlichen Auswirkungen der Pandemie und auf die rückläufigen Umsatzzahlen der Wirtschaft richten, können wir auch aus der Krise lernen. [103]

Ich habe in diesem Buch mehrmals auf die furchtbaren Folgen der wirtschaftlichen „Gewinnmaximierungsstrategie" für unsere Umwelt hingewiesen. Die Auswirkungen des Klimawandels sind schon heute nicht mehr zu leugnen und machen eine Fortsetzung unseres Lebensstils unmöglich. Die Jahre vor „Corona" waren gekennzeichnet mit ständig wachsenden Wirtschaftszahlen weltweit, mit einem Bauboom und einem rasanten Anwachsen von Logistik und Verkehr. Vor allem der Reiseverkehr für Kurzreisen, aber auch in ferne Länder hatte immens zugenommen. Die Gefahren wurden unterschätzt. Mit dem Bauboom wurden immer mehr Naturflächen versiegelt. Wälder und Wiesen fielen Neubaugebieten, Gewerbegebieten und neuen Straßen zum Opfer. Tausende von Hektar Land wurden zubetoniert, die unserer grünen Lunge nun fehlen.

Augrund des Coronavirus hat sich inzwischen der Reiseverkehr weltweit reduziert. Hier sollte angesetzt werden für einen vernünftigeren Umgang mit der Natur in der Zukunft. Neue Konzepte für den Urlaub könnten die Eingriffe in geschützte Naturgebiete reduzieren. Erst jetzt hat man erkannt, wie anfällig unser bisheriges globales Wirtschaftssystem im Falle einer Pandemie ist. Die Wirtschaft kann sich nicht zu hundert Prozent darauf verlassen, dass alle Handelswege auch zukünftig

---

[103] https://www.handelsblatt.com/politik/konjunktur/nachrichten/ zukunftsforscher-ueber-corona-yuval-harari-wir-werden-in-einer-anderen-welt-leben-wenn-die-krise-vorbei-ist/25685168.html

immer offen stehen werden. Es können, wie wir nun gesehen haben, von heute auf morgen Handelswege verschlossen sein.

Die Pharmazeutische Industrie hat einen großen Teil der Arzneimittelproduktion nach China oder Indien verlegt hat, weil man da billiger und ohne große Umweltschutzauflagen produzieren kann. Wie kann man die medizinische Versorgung in Europa so in Krisenzeiten sicherstellen? Was macht eine Automobilindustrie, die ihre Autoteile zur Montage weltweit bezieht, wenn Grenzen geschlossen sind? Was machen all die Händler, die Lebensmittel und Kleidung weltweit einkaufen, wenn die Containerschiffe in den Häfen festliegen? Wenn die Wirtschaftsunternehmen nicht selbst so schlau sind, zukünftig hier Vorkehrungen zu schaffen, dass eine Grundversorgung der Bevölkerung gewährleistet ist, muss die Staatsregierung mit entsprechenden Gesetzen und Regelungen eingreifen oder selbst die Bevorratung für die Bürger sicher stellen.

Hier wird das Prinzip der Gewinnmaximierung auf Kosten der Umwelt zum Bumerang. Dann nützt es auch nichts mehr, wenn die Waren und Fertigteile in vielen osteuropäischen, asiatischen, afrikanischen und südamerikanischen Ländern zu Hungerlöhnen produziert werden. Wenn die Betriebe dort nicht lieferfähig sind, stehen bei uns in der Industrie die Montagebänder still und die Lebensmittelbranche muss sich regional bedienen. Wollen wir hoffen, dass es ein heilsamer Schock war, den die Grenzschließungen auslösten. Wir müssen uns wieder mehr auf die lokale Produktion und Lieferung konzentrieren. Nur so können im Notfall die Produktion und der Handel weiterlaufen. Dies muss nicht automatisch zu einem Protektionismus in der Wirtschaft führen. Aber man sollte ein vernünftiges Maß an Warenaustausch finden. Nicht jede Ware muss zweimal um den Erdball transportiert werden, bis sie beim Verbraucher ankommt.

Menschen, die in ihren Heimatländern keine Perspektive haben, setzen sich in Bewegung. So ist es bereits zu großen Flüchtlingsströmen in der Vergangenheit gekommen und es wird sich noch steigern, wenn wir kein Konzept finden, Hunger und Elend in den Entwicklungsländern einzudämmen. Auch schlechte Bildungschancen und eine schlechte Infrastruktur machen es den Menschen schwer zu bleiben. Der wichtigste Grund für die riesigen Flüchtlingswellen der letzten Jahre sind jedoch Kriege gewesen, die von einzelnen Volksgruppen, religiösen Fanatikern und oft auch von anderen Staaten angezettelt wurden. Städte wurden bombardiert, die Menschen wurden regelrecht aus ihrer Heimat vertrieben.

Die weltweite Globalisierung von Einkauf und Verkauf von Waren hat die armen Länder noch ärmer gemacht und die reichen Länder mit billigen Konsumartikeln überschwemmt. Während die meisten Menschen in bitterer Armut leben, leiden die Menschen in den reicheren Ländern unter einem ständigen Konkurrenzkampf und dem Druck, ständig konsumieren zu müssen. Die Zahl der Menschen auf der Welt steigt ständig an. So werden die Ressourcen in vielen Bereichen immer stärker ausgebeutet. Am Ende entsteht ein Wettstreit nicht nur um Autos, Mobiltelefone und andere Luxusartikel, sondern um Wasser, Nahrung und frische Luft. Der Planet ist ausgelaugt von unserer „Immer mehr und immer schneller!"- Strategie. Die Atmosphäre hat sich zusehends erhitzt aufgrund von Schadstoffen, die in die Umwelt gelangen. Jetzt ist ein weltweiter Verzicht zugunsten des Überlebens auf unserem Planeten angesagt.

Durch die weltweite Pandemie kam es nun zu einem Einbruch der Wirtschaftszahlen. Es mussten Grenzen und Handelswege zeitweise gesperrt werden und die weltweiten Lieferketten wurden unterbrochen. Der einzelne Bürger wurde in den besonders stark betroffenen Regionen sogar unter Quarantäne gestellt, so dass er das Haus nicht verlassen durfte. Das Leben jedes Einzelnen wurde sehr stark eingeschränkt. Sowohl bei der Arbeit, als auch privat werden die persönliche Bewegungsfreiheit und die sozialen Kontakte bis heute eingeschränkt. So ist man wieder auf die Kontakte im kleinen Umkreis der Familie und der nächsten Umgebung beschränkt. Auch wenn die sozialen Medien und die Netzwerke im Internet gute Dienste zur Kommunikation leiste, müssen die Menschen zum ersten Mal seit vielen Jahren wieder am eigenen

Leib erfahren, wie sehr Ihnen die persönlichen Kontakte und Berührungen mit anderen Menschen fehlen. Wollen wir hoffen, dass die Zeit der Pandemie uns alle wieder dafür sensibilisiert hat, wie wichtig soziale Kontakte für uns Menschen sind.

Es wird behauptet, dass wir ohne dem ausbeuterischen System des freien Marktes und des zügellosen Konsums nicht überleben können. Ich sage, das ist falsch. Ganz im Gegenteil. Wir müssen komplett neue Strategien zum Überleben finden und es müssen neue Arbeitsplätze in neuen Wirtschaftszweigen geschaffen werden. Unternehmen mit Zukunftstechnologien und mit nachhaltigem Konzept sollten nach und nach die alten Industriezweige ersetzen. Auch die Agrar- und Forstwirtschaft muss umdenken. Monokulturen, der Einsatz von Spritzmitteln und Chemie, aber auch der von Gülle müssen bei Agrar- und Forstflächen neuen Anbaukulturen und neuen Methoden des Ackerbaus weichen. Die Massentierhaltung muss unter den bisherigen Umständen komplett verboten werden. Sonst winkt die nächste Schweinepest oder Vogelgrippe.

Diese weitreichenden Umstellungen werden nicht von alleine geschehen. Es ist die Pflicht von uns Bürgern, den Wandel von unseren Politikern einzufordern und es ist die Pflicht von Wirtschaft und Politik diese Umstrukturierungen zu Gunsten unserer Zukunft umzusetzen. So wie bisher kann es nicht weitergehen. Das muss jedem klar sein. Wir haben es in der Hand, ob unsere Kinder und Enkel noch in einer lebenswerten Welt leben können. Es gibt nach „Corona" keine Entschuldigung mehr. Wir wissen heute schon, dass es bei dem wahnwitzigen Mastanlagen mit millionenfachem Tierleid und dem Verzehr von Wildtieren zu weiteren Krankheiten und Pandemien kommen wird. Das Abholzen des Regenwaldes und das Eindringen des Menschen immer weiter in die noch unberührte Natur können den Ausbruch von heute noch unbekannten Seuchen verursachen.

Das Versiegeln von Flächen als Bauland und das Abholzen von Wäldern für das Anlegen von Palmölplantagen und Weideland ist eine der Hauptursachen für den Klimawandel. Ich habe bereits die Befürchtung geäußert, dass die Natur zurückschlagen wird wenn der Mensch weiterhin solchen Raubbau betreibt. Die Natur braucht uns nicht. Wir brauchen die Natur. Wir brauchen saubere Luft, sauberes Wasser und angenehme Temperaturen. Manche träumen davon, sich künstlich eine neue Welt zu schaffen, wenn der alte Planet Erde zerstört ist. Wie verrückt sind solche Ideen! Es gibt nur den einen Planet und wir haben die Verpflichtung ihn für unsere Nachwelt zu erhalten.

Wenn es uns nicht gelingt schnell etwas zu tun, dann kann es zu spät sein. Was nützen uns Änderungen ab 2030, was bringt eine Verbesserung im Jahr 2050? Der Regenwald wird schon heute in Ländern wie Brasilien oder Indonesien in einem nie da gewesenen Ausmaß vernichtet. Der Einfluss der Industrienationen muss dazu genutzt werden, die irrwitzige Rodung des Regenwaldes zu unterbinden. Wir können keinen Handel mit Ländern treiben, die so großen Schaden an unserem Planeten verursachen. Wir reichen Staaten müssen lernen zu teilen mit denen, die weniger haben. So erhalten wir den weltweiten Frieden. Wenn wir es den Menschen in ärmeren Ländern ermöglichen, ein ausreichendes Einkommen zu erzielen, werden sie nicht mehr versuchen, als Wirtschaftsflüchtlinge in die reichen Länder zu kommen. Unser Wirtschaftssystem war bisher auf Ausbeutung und Preisdumping ausgerichtet. Das kann so nicht weitergehen.

Es bleibt die Frage, ob auch unsere Politiker aus den Zeiten mit dem Coronavirus gelernt haben. Bisher schielt jeder nur darauf Wählerstimmen zu bekommen, keiner macht sich stark für radikale, zukunftsweisende Änderungen. Anstatt neue Konzepte für eine nachhaltige, umweltschonende Wirtschaft zu entwickeln und mutige zukunftsweisende Entscheidungen zu treffen, versucht man weiterhin die alten Branchen zu stützen. Die Milliardenhilfen fließen vor allem an die etablierten Wirtschaftszweige. Auch die Rüstungsindustrie verdient am Leid der Menschen. Es wird noch viel zu wenig darüber nachgedacht, neue Technik für den Schutz von Mensch und Natur einzusetzen und umweltfreundliche Produkte herzustellen.

Nachwort

Die Dinge verändern sich so rasant, dass noch bevor ich das Buch veröffentlichen konnte, bereits ein paar Szenarien eingetreten sind, vor denen das Buch eigentlich warnen sollte. In Australien waren im Jahr 2019 bedrohliche Wald- und Buschbrände ausgebrochen. Wochenlang kämpften die Menschen gegen das Feuer. Riesige Gebiete Land wurden zerstört, dort lebende Tiere kamen um oder mussten fliehen. Viele Menschen verloren ihren gesamten Besitz. Ständig hören wir von Hurricans, Tsunamis, Überschwemmungen, Erdbeben oder Vulkanausbrüchen. Ob in USA, Südamerika oder Asien. Ganze Gebiete in Afrika und anderen Regionen sind von der Hitze und Dürre bedroht. Die Klimaforscher stellen inzwischen eine erkennbare Erhöhung der Durchschnittstemperaturen fest. Gleichzeitig schmelzen die Eisgletscher in der Arktis und der Antarktis und überall auf der Welt in nie da gewesener Geschwindigkeit. Der Meeresspiegel der Ozeane steigt immer weiter an. In Sibirien wüten riesige Waldbrände. Der Permafrostboden taut. Der Regenwald steht in Flammen und wird immer weiter reduziert. Das bedeutet in absehbarer Zeit dramatische Veränderung für das Leben auf unserem Planeten.

Wir Menschen haben aber auch heute noch Ausreden, warum wir nicht sofort und mit aller Energie gegen gegen die Umweltverschmutzung und Zerstörung der Wälder vorgehen können. Denkt die Menschheit wirklich einfach so weiter machen zu können? Wie viel Zeit haben wir schon vergeudet mit Machtspielen und Kriegsszenarien, damit sich wenige noch mehr bereichern können. Der „arabische Frühling" brachte bislang nur Elend. In Libyen, Syrien und anderen arabischen Ländern sind erneut Hunderttausende von Menschen auf der Flucht. Hier gibt es auch heute noch keine Demokratie oder verbriefte Menschenrechte. Ganz im Gegenteil: Die arabischen Staaten in Nordafrika und der Nahe Osten leiden mehr denn je unter den Kriegshandlungen. Hier ist noch lange kein Frieden in Sicht.

Inzwischen mischen sich immer mehr Staaten bei den Krisenregionen ein, aber nicht um zu helfen, sondern um ihren Machtbereich zu erweitern und möglichst viel von den Bodenschätzen, dem Erdöl und Erdgas für sich zu fordern. Auch in Afghanistan, im Iran und dem Irak ist noch lange kein Frieden eingekehrt. Viele der Menschen, die dort leben, kennen nur Krieg. Sie hatten nicht die Möglichkeit eine normale Kindheit oder Jugend zu verbringen und auch als erwachsene Menschen können sie nicht in Sicherheit eine Familie gründen.

Aber das ist nur ein Teil des internationalen Flüchtlingsdramas. Weltweit sind Millionen von Menschen auf der Flucht vor Krieg und Hunger oder einfach, weil sie von einem besseren Leben träumen. Wie lange können wir dem Elend noch unbeteiligt zusehen? Wir haben genug, damit alle satt werden können. Aber wir lassen Millionen von Menschen verhungern, weil wir uns nicht als Weltgemeinschaft sehen. Der Mensch wird in einem System des globalen Kapitalismus nicht als soziales und schützenswertes Wesen betrachtet, sondern er erhält einen Marktwert. So geht der Marktwert eines in Afrika oder in den indischen Slums geborenen Kindes gegen Null. Keiner sieht sich zuständig. Der Mensch wird zur Ausbeutung in einem rein am Gewinn orientierten System freigegeben. Nur wer über Kapital oder Boden verfügt hat Macht. Die Politik ist oftmals nur ein Spielball in den Händen der mächtigen Waren- und Finanzmärkte. Tausende sterben heute schon auf der Flucht und mit dem Traum auf ein besseres Leben. Wenn wir es nicht schaffen, auch den Menschen in ärmeren Ländern eine Überlebenschance zu bieten, werden immer wieder Kriege entstehen und diese führen wieder zu Flucht, Not und Verzweiflung. Ein Teufelskreis, den nur eine humane Weltpolitik ändern kann.

Und dann kam dann noch das Unglück über die Welt, das sich schon lange angekündigt hatte, aber immer geflissentlich ignoriert wurde. Wir werden seit Anfang 2020 von einer weltweiten Pandemie heimgesucht. Der Coronavirus, der in Wuhan in China ausgebrochen ist, hat sich über die den ganzen Globus verteilt. In einem Zeitalter der Globalisierung und der grenzenlosen Reiselust ist dies auch kein Wunder. Viren machen nicht vor Landesgrenzen Halt. Durch das lange Abwarten der Politik, die Angst hatte den internationalen Transport- und Reiseverkehr rechtzeitig zu stoppen, war es nicht möglich den Virus lokal zu begrenzen und einzudämmen. Nun ist der Virus überall auf der Welt und wird uns, wie viele andere Viren, die ebenfalls noch nicht ausgelöscht sind, begleiten.

Durch unseren unachtsamen Umgang mit der Natur haben wir viele Katastrophen leichtsinnig herauf beschworen. Müssen wir Tiere in Massenhaltung unter schlimmsten Bedingungen züchten und schlachten? Müssen wir alle Arten von Wildtieren in unseren Speiseplan aufnehmen? Brauchen wir das Heer aus Sklavenarbeitern in den armen Ländern, damit wir noch reicher werden und noch günstiger einkaufen können? Brauchen wir überhaupt so viel zum Leben? Können wir nicht auf vieles verzichten und so bewusster und gesünder leben?

Ich hoffe dieses Buch regt zum Nachdenken an. Wir haben nicht mehr viel Zeit, um den Planet Erde zu retten. Dazu müssen wir bei uns selbst anfangen. Ändere dein Verhalten und ändere damit deine Umgebung. Nur wird es gelingen, die Welt zu einem Platz zu machen, der lebenswert ist. Nur wenn wir nicht mehr auf Wachstum und Gewinn schielen, sondern die Mitmenschlichkeit und die Liebe zur Natur entdecken, werden wir für uns und die kommenden Generationen das Überleben auf dem Planeten Erde sichern.

Wir sind nicht allein. Viele wollen das Gleiche. Lassen wir uns nicht mehr aufhalten und mundtot machen! Kämpfen wir gemeinsam für eine humane Gesellschaft, bei der die Stärkeren die Schwächeren unterstützen. Wir werden uns nur dann selbst wohl fühlen, wenn es auch dem Nachbarn gut geht. Das gilt für unsere nächste Umgebung genauso, wie für die vielen verschiedenen Völker und Kulturen, die es auf unserem Planeten gibt. Lassen wir uns nicht mehr trennen durch nationale Alleingänge. Momentan benehmen wir uns wie Raubtiere. Die Gier, der Neid und das gegenseitige Misstrauen machen uns das Leben schwer.

Es gibt ein Rezept, das ist so einfach wie das Leben selbst: Versuchen wir unserer inneren Stimme zu vertrauen. Lösen wir uns von Vorurteilen und gesellschaftlichen Zwängen. Gehen wir wieder aufeinander zu. Es ist kurz vor Zwölf. Zu lange haben wir als Menschen unsere Fähigkeiten und unsere Kreativität für unnütze oder schädliche Dinge verschwendet. Hören wir endlich auf Kriege zu führen und nach immer mehr Macht und Luxus zu streben. Die Zukunft liegt darin, dass wir zu Menschen werden, die im Einklang mit sich, den Mitmenschen und der Natur leben. Dieses Buch soll aufwecken. Es soll Fragen stellen und es soll anklagen. Es soll aber vor allem Mut machen, dass es noch nicht zu spät ist, etwas zu ändern. Wir können noch alles zum Guten wenden, wenn wir dazu bereit sind.

Es gibt zwei Möglichkeiten, zwei Wege. Der eine führt ins Verderben, der andere bietet die ungeheure Chance unsere menschliche Gesellschaft human zu gestalten. Der eine Weg bedeutet weiter machen, wie bisher, der andere bedeutet, dass wir alle umdenken, dass wir lernen aus der weltweiten Krise, die uns umgibt. Uns werden die Ruhe und vor allem der gemeinsame Zusammenhalt guttun. Wir brauchen alle Menschen, um die Veränderungen und Gefahren, die die nächsten Jahrzehnte mit sich bringen, zu meistern.

Literaturhinweise:

Braungart, Michael, Mc Donough, William (2014). Cradle to Cradle. Das Buch handelt von intelligenten Lösungen der Produktion, Nachhaltigkeit und Recycling. Piper Verlag, München.

Bregman, R. (2020). Im Grunde gut – Eine neue Geschichte der Menschheit. Der Historiker und Journalist setzt sich in seinem Buch mit dem Wesen des Menschen auseinander. Anders als in der westlichen Denktradition angenommen ist der Mensch seinen Thesen nach nicht böse, sondern im Gegenteil, von Grund auf gut. Rohwolt Verlag, Hamburg.

Collier, Paul (2017). Die unterste Milliarde. Die ärmsten Menschen auf der Welt haben keinen Anteil an den Gewinnen der Wirtschaft. Sie haben eine Lebenserwartung von 50 Jahren und eine hohe Kindersterblichkeit. Man könnte ihnen helfen, aber es sind momentan noch keine Anzeichen erkennbar, dass diesen Menschen geholfen wird. Pantheon Verlag, München.

Collier, Paul (2019). Sozialer Kapitalismus. Collier verurteilt in seinem Manifest die „Rottweiler-Gesellschaft". Er zeigt die soziale und kulturelle Kluft zwischen Arm und Reich in unserer Gesellschaft und plädiert für einen sozialen Kapitalismus, der sich auf einer neuen Ethik der Gemeinschaft aller gründet. Siedler Verlag, München.

Diamond, Jared (2011). Kollaps. Warum Gesellschaften überleben oder untergehen. Welche Muster stehen hinter dem Verfall von Kulturen (Erweiterte Neuauflage). Diamond untersucht Hochkulturen und kommt zu interessanten Ergebnissen. Er zieht daraus Schlüsse für die Zukunft. S. Fischer Verlag, Framkfurt a. Main.

Dobelli, Rolf (2019). Die Kunst des Digitalen Lebens – einfach Abschalten in einer digitalen Welt. Dobelli schreibt gegen die Flut der News aus den Social Media an. Weniger Masse, mehr Qualität ist sinnvoll. Piper Verlag, München.

Eco, Umberto (2020). Der ewige Faschismus. Umberto Eco bearbeitet in seinen Essays Themen, wie Faschismus und Totalitarismus, Integration und Intoleranz, die eigene Identität und das Fremde, die Migration in Europa. Carl Hanser Verlag, München.

Felber, Christian (2018). Gemeinwohlökonomie. Es wird ein alternatives Wirtschaftssystem aufgezeigt, das sich am Gemeonwohl orientiert. Piper Verlag, München.

Fichter, Klaus, Clausen, Jens (2013). Erfolg und Scheitern grüner Innovationen. Das Buch beschäftigt sich mit Nachhaltigkeitsinnovationen. Deren Verbreitung trifft allerdings auf viele Hindernisse. Metropolis Verlag, Marburg.

Foer, Jonathan Safran (2019). Wir sind das Klima – wie wir unseren Planeten schon beim Frühstück retten können. Der Klimawandel geht uns alle an. Mit „Tiere essen" hat Foer sich bereits um den eingeschränkten Fleischkonsum bemüht. Nun schrieb er ein Buch zum Klimawandel und warum wir alle direkt davon betroffen sind. Kiepenheuer & Witsch Verlag, Köln.

Göpel, Maja (2020). Unsere Welt neu denken. Maja Göpel sucht einen Weg zwischen Verbotsregime und Schuldfragen auf der einen und Wachstumswahn und Technikversprechen auf der anderen Seite. Sie fordert dazu auf, einen neuen Weg zu finden, um den Planeten Erde und die Menschheit zu retten. Ullstein Verlag, Berlin.

Harari, Yuval Noah (2018): 21 Lektionen für das 21. Jahrhundert. Nach seinem Buch "Eine kurze Geschichte der Menschheit" über den Aufstieg des Homo Sapiens und nach dem Buch "Homo Deus" über die Zukunft der Spezie Mensch widmet sich der Zukunftsforscher Harari in seinem neuen Buch den aktuellen Menschheitsthemen. C.H. Beck Verlag, München.

Horx, Matthias (2020). Die Zukunft nach Corona. Wie eine Krise die Gesellschaft, unser Denken und unser Handeln verändert. ECON Verlag, Berlin.

Linnemann Nora, illustriert von Joni Majer (2020). Tu was. Viele Menschen wollen nicht mehr gedanken- und tatenlos zuschauen, wie Arten aussterben, Meere sich in Müllkippen verwandeln, wertvolle Ressourcen vergeudet werden und sich die Erde immer weiter aufheizt. Greenpeace Magazin Edition.

Kasser, Tim (2003). The high price of materialism. Der Materialismus und das Konsumverhalten bestimmen unser tägliches Leben. Unsere Lebensqualität wird negativ durch den ständigen Konsumwahn beeinträchtigt. A Bradford Book, The MIT Press, Cambridge, Massachussetts, London, England.

Klingholz, Reiner (2014). Sklaven des Wachstums – Die Geschichte einer Befreiung. Obwohl die Ressourcen knapp werden und die Ökosysteme unter der Last der Milliarden Menschen mit immer höheren Ansprüchen fast zusammenbrechen, gehen unsere gesamten Wirtschafts und Sozialsysteme nach wie vor von einem endlosen Wachstum aus. Die Demografie zeigt aber, dass zumindest in manchen Ländern es kein Wachstum mehr geben wird. Campus Verlag, Frankfurt a. Main.

Laffoley, Dan et al. (2019). Eight urgent fundamental and simultaneous steps needed to restore ocean health, and the consequences for humanity and the planet of inaction or delay, Ipso 07/2019, Wiley Online Library.

Latif, Mojib (2007). Herausforderung Klimawandel – Was wir jetzt tun müssen. Es werden die Ursachen und Auswirkungen der Erderwärmung erläutert und welche Maßnahmen das Schlimmste verhindern können. Heyne Verlag, München.

Le Bon, Gustave (1982). Die Psychologie der Massen. Dieses Grundlagenwerk der Sozialpsychologie beeinflusste nicht nur Siegmund Freud, sondern wurde auch von Diktatoren des 20. Jahrhunderts für die Ausarbeitung ihrer Propaganda genutzt. Le Bon stellt klar, dass die Persönlichkeit des Einzelnen in der Masse verwischt wird. Der Mensch in der Masse verhält sich rein affektiv. Kröner Verlag, Stuttgart.

Lobo, Sascha (2019). Realitätsschock. Der Autor sinniert über den Klimawandel, über die Ursache der Flüchtlingskrise, Extremismus, das neue China, Überwachung und künstliche Intelligenz. Ein Schock ist nötig, damit wir aufwachen und neue Lösungen suchen. Kiepenheuer & Witsch Verlag, Köln.

Meadows Donatella und Dennis, Joergen Randers (2015). (6. Auflage) Grenzen des Wachstums – das 30 Jahre Update. Signal zum Kurswechsel. Hirzel Verlag, Stuttgart.

Orwell, George (2020). Über Nationalismus. George Orwell ist der Ansicht, dass Patriotismus von Natur aus defensiv ist, der Nationalismus dagegen immer mit dem Streben nach Macht verbunden ist. Bereits in seinem Buch „Farm der Tiere" zeigte George Orwell anhand eines Märchens, wie sich der Sozialismus in eine Diktatur verwandelt hat. In seinem Roman „1984" schreibt er über die Unmöglichkeit der Liebe in einem totalitären Staat. dtv Verlagsgesellschaft, München.

Peach, Niko (2012). Befreiung vom Überfluss. Auf dem Weg in die Postwachstumsökonomie. Niko Peach erhielt den Preis für ökologische Ökonomie. Sein Forschungsfeld ist die Umweltökonomie, die Nachhaltigkeit, das Wesen des Konsums und die Grenzen des Wachstums. Er fordert die Befreiung von Wachstumszwang und Überfluss. Oekom Verlag 2012, München.

Peter, Laurence J., Hull, Raymond (2001). Das Peter Prinzip oder die Hierarchie der Unfähigen. Nach dem Peter-Prinzip stabilisieren sich hierarchische Systeme mit Pseudo-Beförderungen und nutzlosen Posten ebenso wie mit der Entfernung störender Mitarbeiter. Dazu zählen neben den inkompetenten Mitgliedern auch die extrem kompetenten, die Sand ins Getriebe bringen. rororo Verlag, Hamburg.

Pfriem, Reinhard (2017). Transformative Wirtschaftswissenschaften. Pfriem fordert einen neuen Vertrag zwischen Wirtschaft und Gesellschaft. Er plädiert auch für nachhaltige Zukunftsmärkte. Der Autor plädiert für eine transformative Wirtschafts-wissenschaft, die insbesondere die Bedingungen und Möglichkeiten einer nachhaltigen Entwicklung von Wirtschaft und Gesellschaft verbessern hilft. Metropolis Verlag, Marburg.

Piketty, Thomas (2020). Kapital und Ideologie. Nach dem Buch "Das Kapital im 21.Jahrhundert" beschreibt Thomas Piketty die Geschichte der sozialen Ungleichheit und ihrer Ursachen. Dabei kritisiert er die aktuelle Politik und macht einen neuen Entwurf eines gerechteren ökonomischen Systems. C.H. Beck, München.

Plöger, Sven (2020). Zieht euch warm an, es wird heiß. Der Meteorologe Plöger beschreibt den Klimawandel. Er untersucht die Frage, ob uns die Coronakrise beim Umgang mit dem Klimawandel helfen kann. Westend Verlag, Frankfurt a. Main.

Schick, Gerhard (2014). Machtwirtschaft - nein danke! Für eine Wirtschaft, die uns allen dient. Gerhard Schick hat schon Bücher zur Bankenkrise geschrieben und plädiert in seinem neuen Buch für eine Wirtschaft, die uns allen dient. Seit 2008 ist er Vorstand der „Bürgerbewegung Finanzwende". Er ist für eine nachhaltige Finanzwirtschaft und macht sich stark für einen Aufbruch in die „Grüne Ökonomie". Campus Verlag, Frankfurt a. Main.

Schulze, Gerhard (2003). Die beste aller Welten. Wohin bewegt sich die Gesellschaft im 21. Jahrhundert? Gerhard Schulze erläutert den Wandel im Wandel aus gesellschaftlicher Perspektive. Hanser Verlag. München.

Stiglitz, Joseph (2012). Der Preis der Ungleichheit: Wie die Spaltung der Gesellschaft unsere Zukunft bedroht - Immer weniger Menschen häufen immer größeren Reichtum an, während die Zahl der Armen wächst und die Mittelschicht vom Abstieg bedroht ist. Dies ist keine zwangsläufige Folge einer freien Marktwirtschaft, sondern Ergebnis einer globalisierten Ökonomie, die zunehmend vom reichsten einen Prozent der Bevölkerung beherrscht wird. Siedler Verlag, München.

Stiglitz, Joseph (2020). Der Preis des Profits: Wir müssen den Kapitalismus vor sich selbst retten! – Hier beschreibt der Nobelpreisträger die

Auswüchse des Kapitalismus und der freien Marktwirtschaft. Die Finanzindustrie lebt nach eigenen Regeln; die großen Firmen am digitalen Markt beuten unsere persönlichen Daten aus und die Macht der Industriebetriebe nimmt zu. Der Staat hat seine Kontrollfunktion praktisch aufgegeben. Das Wachstum ist nicht endlich. Wir stoßen an unsere Grenzen und müssen für eine gerechtere Verteilung sorgen. Siedler Verlag, München.

Sypien, Michael (2014). Der Club of Rome und die Grenzen des Wachstums. Anmerkungen zur Zukunft der Menschheit. Bachelor und Master Publishing, Hamburg.

Wiedermann, Charlotte (2019). Der lange Abschied von der weißen Dominanz. Es ändert sich etwas im Machtgefüge der Welt. Momentan wird die Weltordnung von einer weißen Minderheit bestimmt wird. Die Herausforderungen der Migration und die weltweiten Veränderungen werden ein Ende dieser weißen Dominanz bewirken: Wir stehen kulturell an einer Zeitenwende. Es wird nicht mehr möglich sein, anderen Kulturen unsere westlichen Werte einfach vorzugeben. dtv Verlagsgesellschaft, München.

Wohlleben, Peter (2019). Das geheime Band zwischen Mensch und Natur. In Zeiten der Umweltkrise müssen wir die Natur neu entdecken. Wohlleben hat erstaunliche Erkenntnisse über die sieben Sinne des Menschen, den Herzschlag der Bäume und die Frage, ob Pflanzen ein Bewusstsein haben. Ludwig Verlag, München.

Zeitfracht Medien GmbH
Ferdinand-Jühlke-Straße 7
99095 Erfurt, Deutschland
produktsicherheit@kolibri360.de